붉은 녹

붉은 녹

최영애 수필집

수필과비평사

아들과 함께 걷는 길

인생살이가 계획대로 살아지는 것은 아니었다. 살다 보면 힘들고 아픈 순간이 없지 않았다. 모든 게 내 맘 같지 않을 때도 있다. 아등바등 살아온 내 삶의 끝은 성벽처럼 마냥 단단하리라 생각했다. 그러나 주어진 현실은 가혹했다. 공들여 쌓아놓은 성벽도 한순간 무너지는 그런 날이 있었다.

한 해 한 살 더하는 시간의 속도가 빠르게 지나간다. 벌써 8년 전이다. 아들이 제주 올레길을 걸어보자 했다. 적잖은 나이에 거친 현무암 돌밭길을 걷기란 여간 힘들지 않다. 하지만 코스를 완주한 성취감은 육신에 주어지는 고통보다 배가 되어 뿌듯하다. 자연이 빚어놓은 풍광 앞에서 웅크렸던 마음도 활짝 열리고 감동도 크게 느꼈다. 그때부터 올레길 걷기에 푹 빠졌다.

화가인 아들도 이상과 현실에서 충돌도 있었을 테다. 그림을 그리며 부대끼는 청춘의 치열한 고민이야 없을까만은 가마득한 시간이 펼쳐놓은 길을 걷는 동안 방향을 잡고 버텨내는 힘도 배웠을 테다.

내 삶 전부를 들춰보아도 언제 단 하루라도 나 자신을 위해 느긋한 시간이 주어졌던가 싶다. 늘 빠른 걸음이었고 마음은 초조하고 긴장되는 하루하루였다. 사람들과 부대낌에 생채기도 많았다. 다시는 기억하고 싶지 않았던 미친 듯이 살아낸 삶이었다.

먼 외국 대단한 곳의 여행은 아니지만, 느지막이 제주도의 신비하고 경이로운 풍광 앞에 설 수 있으니 그것으로 족하다. 나에게는 어떤 종교보다도 더한 눈으로 보여주는 힘이라 여긴다. 치열하게 살아낸 그 시절을 되돌아가라 하면 나는 다시는 돌아가고 싶지 않다.

아무리 푸른 젊음이 있다 해도 그렇다. 이 순간이, 지난 세월을 흐트러지지 않고 최선으로 살아냈던 나에게 주어지는 최고의 훈장 같은 거라 여겨진다. 이제는 거친 세월을 견뎌낸 현무암처럼 묵묵히 남은 삶을 살아내고 싶다.

지금 삶에서나 올레길에서도, 험난한 길을 망설이지 않는 것은 산 같은 아들이 함께하기에 당찬 걸음도 내디딜 수 있었다. 풍경 앞에 서면 마음이 한없이 느긋해지고 고요해지며 편안하다. 있는 그대로의 자연 앞에서 이토록 편안한 영혼을 무엇으로 더 꾸밀 수가 있을까. 이리도 풍요로운 삶에 무엇으로 더 채울 필요가 있을까. 채운다고 이보다 더 행복해질까. 이대로가 좋다. 이만하면 됐지 싶다.

그동안 아들과 함께 두 발로 걸어 낸 올레길 코스마다 완주했던 경험들을 모아 글로 남겨볼까 한다.

2021년 11월의 늦가을
최 영 애

차 례

제1부 여인, 새로 날다

2014 KIM SUNG GYU

제2부 붉은 녹

제3부 나만의 퀘렌시아

2014 KIM SUNG GYU

제4부 상상 여행을 떠나 봐요

제1부 여인, 새로 날다

무수천無水川

용눈이오름

여인, 새로 날다

우도에서

멈춰버린 손목시계

함덕 487

두 발로 하는 기도

오월, 꽃눈 펑펑 휘날리고

최여사, 한라산에 오르다

무면허 삼대

제주노을 53.0×40.9 oil on canvas 2019_김성규

무수천無水川

한 해의 마무리가 얼마 남지 않았다. 올해를 살아내며 고비마다 토해낸 신음들이 용암처럼 분출한다. 늘어난 근심을 견뎌내려면 숨 고르기가 필요하다. 먼 산티아고가 아니어도 대자연이 만들어낸 독특한 제주 올레길이면 족하다. 제주 올레길은 남겨진 생의 순례길이라 여겨진다. 내게 주어진 조건에 알맞은 곳이라서 더욱 좋다.

우거진 숲길 올레 17코스에 들어선다. 청아한 새소리가 멀리서 들려오고 바람이 울창한 숲을 흔들고 지나간다. 갈잎들은 다시 돌아올 바람이기에 애가 타지 않는 눈치다. 아늑한 숲길에 내려앉은 햇살을 따라 벼랑길에 다가서니 신비한 계곡이 모습을 드러낸다. 깊은 계곡은 존재를 세상에 쉬 드러내지 않으려는 듯 울창한 숲으로 몸을 가리고 있다. 변해가는 세상과는 동떨어져 억겁의 세월을 홀로 견뎌내고 있다. 인간이 사는 세상에도 이런 곳이 있었나 싶다. 그랬다. 낯선 길에 서면 늘 설레게 된다. 오늘 선택한 이 길은 어떤 풍광을 펼쳐내어 감동을 줄까 마음을 졸이던 터다. 넋을 놓고 묵묵히 바라본다.

복잡한 인간사 근심을 없애준다는 '무수천無愁川', 얼마나 아름답고 한적하면 평생 달고 있는 이름일까. 근심이 한순간 사라진다 할까. 나 자신도 눈과 마음이 온통 넋을 놓고 정신없이 풍광에 빠져든다. 깎아지른 절벽과 침엽수와 활엽수가 서로 어울려 고고한 장관을 이루고 있다. 판상절리, 주상절리의 기암이 어우러진 천혜의 비경에 세상 어떤 미사여구도 충분하지 않을 것 같다. 할 수만 있다면 밤낮 무수천이 주는 의미에 백 번도 더 고개를 끄덕이겠다.

한라산 정상에 기원起源을 둔 계곡을 올려다본다. 천천히 고개를 돌려 계곡의 끝 가는 곳을 내려다본다. 마치 용이 승천하면서 훑고 지나간 듯 계곡이 꿈틀꿈틀 남아있다. 용암들이 거칠게 흘러 한라산을 헤집어 놓은 계곡이어서 펼쳐지는 벼랑은 기이하고 험하다. 바람이 만들었을까. 물살이 깎아놓았을까. 해골바위, 병풍바위, 대문 형체, 동물 형상의 거대한 바위들이 푸른 아열대 숲과 조화를 이루고 있다. 화산이 뿜어낸 붉은 용암들이 난폭하게 폭행하는 동안 산이 세차게 저항했던 시간이 고스란히 남은 흔적들이다. 천지를 진동하며 쏟아내었던 붉은 용암들의 우레 같은 함성이 들리는 듯하다. 쳐다보고 내려다볼수록 신비감에 경탄과 탄식이 절로 나온다.

계곡은 건천이다. 비가 내릴 때만 잠깐 아름다운 폭포를 만들기는 한다. 물이 흐르지 않는다 하여 없을 무, 물 수, 무수천無水川이라고도 한다. 지하로 내려간 물은 다시 솟아 작은 소를 채운다. 그 이름 덕분인가. 에메랄드빛 깊은 소들이 계곡에 신비를 더한다. 저 물빛으로 물들고 싶다. 물이 들면 내 삶도 좀 괜찮은 생으로 살아질까. 얼마나 깎아내는 모진 고통을 견뎌야 천상의 마음으로 설 수 있을까. 모든 것은 고통 후에 주어지는 것. 세월이 만들어낸 덕분에 무수천은 신비롭고 아름답다.

신의 걸작이다. 인간이 범접할 수 없는 곳에 전시장을 만들어 놓았다. 아름다운 풍경화로, 이해 못 할 구상과 추상으로 미술전을 펼쳐냈다. 눈으로 마주하고도 믿어지지 않는 경이로움. 말은 잊히고 생각은 망각된다. 깊은 협곡 사이에 드는 햇빛에서조차 태곳적 신비가 고스란히 느껴진다. 머릿속이 맑아지고 발끝까지 청량감이 밀려온다. 일순간에 천년의 자연에 빨려 들어온 듯 억겁의 세월이 내 몸 안에 담긴다.

미술사학자 해밀턴은 '화산은 인류가 목격할 수 있는 가장 난폭한 폭행'이라 했다. 신은 붉은 불덩이를 하늘에 뿜어 지옥의 진수를 보여준다. 인간에게 자연의 위용 앞에 무릎을 꿇으라고 호통친다. 지금도 한계 없는 신의 분노가 지구 곳곳에서 폭발하고 있다. 무례한 인간을 각성시키려는 행사를 게을리하지 않는 듯하다.

무수천. 죽어야만 갈 수 있다는 천국이 이럴까. 순수한 성찰로 풍경을 마주하니 떠날 때 두고 온 곳곳의 시간들이 보인다. 살아온 속세의 삶이 너무 요란했다. 때로는 견디기 어려운 만큼 가혹했다. 해야 할 속말도 아직까지 가슴에 품은 채다. 이별의 상처도 묻어두어 더욱 아프기만 하다. 얼마의 시간이 흘러야 이것들이 삭혀질까. 얼마를 더 살아내면 무수천처럼 고요하고 담담해질까. 내 뜻대로, 내 마음대로 살 수 있는 곳은 어디에 있을까. 어디선가 위로의 소리가 들린다. "괜찮아. 괜찮을 거야." 먼저 떠난 그리운 이의 다독임이 무수천 바람에 실려 들려온다. 혼자 살기 힘든 세상, 다 살아낸 후에는 소란스러우면 이곳으로 오라는 듯하다. 맑디맑은 모습으로 남은 생을 살라고 다독이는 바람이 다시 인다.

세월의 더께와 깊이가 느껴지는 풍광에 녹아든다. 마음이 경건해진다. 아직 포기해야 될 것이 많고 내려놓아야 할 것도 적지 않다. 버린다고 여기면 고통스럽다. 고통스러워야 될 이유를 버리면 조금은 가벼워진다. 집 떠나는 건 멀어지는 게 아니라 자연 속에 숨은 그리운 이에게 가까이 가는 길. 떠나오길 잘했다. 털어버리자. 가벼워지자.

한순간 천국을 보았다. 잠깐 꾼 꿈처럼. 아름다운 무수천은 긴 세월 동안 치솟던 용암들이 울부짖었던 기억을 잊은 듯, 고요하다. 누구든 살아있는 날까지 남은 길을 걸어야 한다. 조랑말의 상징인 간세와 화살표, 올레 리본이 이끌어주는 표를 따라 걷는다. 마음에 채웠던 생각의 무게가 얼마였기에 비워 내고 나니 이렇게 가벼울까. 천근 같은 발걸음이 이젠 날개처럼 가볍다.

아픔도 그리움도 없어지는 것은 아니다. 한라산 용암이 난폭하게 흘러내린 흔적도 남아있다. 다만 천년만년 바람이 흐르면서 무수천을 비경으로 만들었다. 모질게 살아왔던 삶들도 그렇게 흘려보내고 나면 조금은 아름답게 보일 것이다. 지난 길을 잘 걸어왔듯이 올해도 잘 살아내었고 걸어내고 싶다.

올레길 끝자락에 섰다. 한 덩어리 붉은 태양이 서쪽 바닷속으로 장엄하게 투신을 하고 있다. 나의 하루도 시간의 끝쪽으로 가라앉는다. 세속 풍랑에 흔들리는 날에는 다시 오고 싶다. 무수천 계곡으로.

우도에서 90.9×116.8 oil on canvas 2014

용눈이오름

몇 해 전이다. '김영갑 갤러리 두모악'을 찾았다. '용눈이오름'을 파노라마처럼 담아낸 사진에 감동했다. 이후로 사진작가가 수없이 올랐다는 용눈이오름은 내 그리움을 불러내는 또 하나의 자리가 되었다.

이번 제주 여행을 떠나기 전에 마음을 정했다. 올 때마다 계획과 달리 올레길에 빠진 발길이 쉬 돌려지지 않아 용눈이오름은 다음으로 미루곤 했다. 오름은 용이 누워 있는 모습으로 보이기도 하고 분화구가 용의 눈처럼 보인다고 하여 '용눈이오름'이라 한다. 김영갑 씨는 그곳에 움막을 짓고 추위와 배고픔을 참아내며 사진을 찍었다. 사계절 비가 오나 눈이 오나, 세찬 바람이 불거나, 뙤약볕이 쏟아질 때도 자연이 연출하는 순간 포착을 기다렸다고 한다. 그의 열정적인 생을 느껴보고 싶은 건 나만이 아닐 것이다.

오름의 낮은 곳에는 무덤들이 즐비하다. 현무암으로 쌓은 담들은 어릴 때 보았던 조각 밥상보 같다. 순환버스에 탑승한 해설자는 공동묘지가 명당이라고 소개했다. 그 말을 증명이라도 하듯 여기저기 삶과 죽음이 가까이하고 있다. 양지바른 곳에서 편안한 휴식을 취한다. 게다가 관광객들은 망자가 외롭지 않도록 시시때때로 이곳을 찾아온다.

가파르게 보이는 것과 달리 완만하게 오를 수 있다. 입구에서 올려다본 오름은 나무가 없다. 부드러운 허리에서 엉덩이로 이어지는 노출된 능선의 곡선이 매혹적이다. 마치 옆으로 누워 있는 여인의 풍만한 누드 형상 같다. 사진작가의 예리한 눈길이라면 충분히 육감적인 여인의 몸매에 홀렸을 것이다. 정신없이 카메라 셔터를 눌러댔으리라. 또 다른 방향으로 본다. 오름의 두 봉우리가 젖이 불어 있는 봉긋한 젖가슴 같다. 외로움에 지친 작가는 이곳에서 포근한 엄마 품에 안긴 듯 편안함도 누렸는지 모른다.

밥벌이가 되지 않는 일에 매달려 영혼을 바치는 사람들이 많다. 보통 사람들은 그런 괴짜를 이해하지 못한다. 그들은 다른 이상을 위해 꿈꾼다. 그것을 위해 정신적 육체적 고통도 감수한다. 먼저 행동하지 않으면 꿈은 그냥 꿈일 뿐이다. 죽을 때까지 계속해야 이룰 수 있는 궁극의 목적이다. 열정으로 뭔가에 미쳐서 날뛰며 결국 원하는 이상을 이루어 낸다면 생애 최고의 행복이 되겠다. 그 순간을 누리지 못하고 기막힌 세월을 견뎌내다가는 육신이 지쳐 요절한다.

그리 가파르지 않은 용눈이오름의 정상에 선다. 환상적인 풍광이 아득하게 펼쳐있다. 사방으로 탁 트인 곳들이 한눈에 들어온다. 멀리 보이는 한라산이 엄마라면 가까이 보이는 작은 오름들은 한라산의 어린 자식들이다. 오름들이 엄마의 치맛자락을 잡고 평화롭게 놀고 있는 듯 장관이다. 먼저 다녀왔던 성산 일출봉과 우도가 보인다. 멀리서 바라보니 경이롭기만 하다.

용눈이오름에서 김영갑 작가의 시신을 담닉한나. 순간 포착을 위해 치열하게 생을 살았던 곳이다. 그가 많이 걸었던 길을 따라 걷다 보면 행여 내 발이 작가의 발자국 위에 포개질지도 모른다. 어디쯤에서 카메라를 세우고 작품의 각도를 조절했을까. 외로움과 배고픔을 참아내며 순간 포착을 기다렸던 자리는 어디쯤일까. 작품으로 잡아내었던 거친 바람은 지금은 어디에서 이리로 오고 있을까. 이곳저곳의 피사체가 되었을 풍경을 찾아 두리번거린다.

한순간도 같은 풍경을 보여주지 않는 오름이다. 철 따라 조석으로, 방향과 날씨에 따라 달라진다. 변덕스러운 여자의 마음 같다. 그러기에 작가는 더욱 요사스러운 여인에 집착하듯 했나 보다. 놓칠까 하는 조바심도 있었을 게다. 원하는 순간을 잡으려는 다급한 마음에 숱한 애간장도 끓었으리라.

예술가의 곁에 있는 사람은 죽을 만큼 힘들 때가 있다. 그것을 그는 알고 있었을까. 오붓한 가정을 꾸리지도, 심지어 부모형제의 사랑까지도 외면했다. 그에게 사진 찍기는 평을 받기 위한 것은 아니었다. 오직 작가의 삶의 반영이었을 뿐이다. 사진에 미친 그에게 세상과의 타협은 없었다. 소중한 생명의 시간도 소모했다. 그러니 당연히 모두가 젊은 나이에 떠난 그를 안타까워하며 슬퍼한다. 그는 제주도의 모든 것을 사랑했다. 특히 바람을. 그의 사진 속에 담긴 제주의 모든 풍경에는 바람 소리가 들린다. 그러기에 사람들은 김영갑 작품에 매혹당하는지도 모른다. 오래도록 그는 예술혼으로 살아서 내색할 것이다.

한때는 주어진 삶의 조건이 힘들어 느긋한 일상을 원했다. 이제 그런 일상이 주어졌건만 느긋함도 지나치니 습관이 된 듯하다. 한편에는 내 글에 시간을 축낸 게을렀던 물렁한 문장들이 여기저기 보인다. 자유로운 일상을 벗어나 애써보는 집착이 필요하다. 글쓰기에 매달리고 또 매달리려 한다. 오늘 용눈이오름에서 김영갑 작가의 포기 없는 정신을 배운다. 바람도 그런 생각이었을 것이다.

용눈이오름에는 작가의 인간적 고뇌와 예술혼이 머물고 있다. 풍경마다 절절하고 애틋하다. 오름길은 지금도 소소한 찬 기운을 느껴진다. 거친 제주 바람을 견뎌내느라 키를 키우지 못한 한 그루 작은 소나무를 본다. 저 나무도 작가의 몇 컷의 작품이 되었던 멋진 날들을 기억하고 있을까. 늦가을, 바람에 춤추었던 억새들도 이미 힘을 잃었다. 루게릭 병마로 야위어진 작가의 모습처럼 처연하게 보여 애잔하다. 겨울로 치달으며 슬슬 찬 기운을 풍겨낸다.

용눈이오름에 바람이 헤집고 지나간다. 그는 죽지 않았다. 바람으로 살아 있다. 그의 긴 머릿결이 야생마의 갈기처럼 바람에 휘날린다. 무거운 사진기를 어깨에 메고 오름의 등선 길로 걸어오고 있는 그가 보인다.

용눈이오름 바람 앞에 서서 한 컷의 피사체가 되어본다.

여인, 새로 날다

변화된 분위기가 새롭다. 영화의 전당 광장에 설치된 조각상이 한참 만에 찾아온 눈길을 낯설게 한다. 마침 조각가이자 화가인 미켈란젤로의 시스티나 예배당 천장화를 그리며 겪은 갈등의 영화 '고뇌와 전율'을 관람하고 나왔을 때다.

설치된 조형물은 높이 10미터가량의 스테인리스 재질이다. 영화관 지붕 밑에 있는 구름다리에 서서 바라본 조각상은 화려한 드레스 차림의 여인으로 보인다. 마치 아름다운 아테나 여신이 우아한 걸음으로 걸어오는 듯하다. 호기심에 가까이 보려고 광장으로 내려갔다.

거대한 높이의 작품이라 좀 떨어진 위치에서 올려다보고 가까이 다가가서 살펴보았다. 표지에는 작품명과 작가의 이름을 새겨놓았다. 서울대학교 미술대학 조소과 교수로 재직했던 독일 작가 랠프 산다 교수의 '여인-새 변신'의 작품이다. 독일 조각가는 눈길을 빨아들이는 환상적인 신비함을 마음의 각도에 담아서 조각으로 표현한 것 같다. 단단한 철에서 나타난 부드러움은 작가만의 기법이라 여겨진다. 바라보는 내내 그의 예술성에 대한 상상의 나래를 펴게 한다.

조각을 자세히 들여다본다. 그동안은 조각공원에서나 건물 앞에 설치된 조형물을 건성으로 보았던 터다. 거울 같은 금속 면에서 수영강 물이 흘러간다. 물살 따라 흐르는 햇살도 눈부시다. 스테인리스가 풍겨내는 차가운 금속이 따뜻한 자연의 풍경을 섬세하게 담아내었다. 해 질 녘 석양과도 조화를 이루어 오묘한 빛을 발산한다. 웅장하고 화려하다. 탄성의 소리가 저절로 입 밖으로 나왔다.

어느 각도에서 보느냐에 형태는 달라진다. 우아한 여인이었다가 옆으로 비켜서면 한순간 갈매기로 변신한다. 또 다른 방향에서는 활짝 펼친 새의 날개가 백색 한복 소매를 연상시키기도 한다. 그러고 보니 어느 한복 디자이너가 세계 패션 무대에서 독특하게 디자인하여 발표했던 개량 한복 드레스가 떠오른다. 그때 보았던 우아한 한복의 선과 새의 웅장한 비상을 조각에 그대로 담아 녹여낸 것처럼 보인다. 한국 여인의 기품 있는 아름다움을 표현했지 싶다. 조각가 미켈란젤로가 대리석으로 남성의 신체적 역동성을 살렸다면 랠프 산다는 화려한 여인이 또 다른 생의 변신을 꿈꾸는 마음을 스테인리스로 나타내었다.

예부터 갈매기는 하늘을 자유롭게 날며 땅과 바다를 연결해주는 동물이기도 하다. 새가 되어 자유롭게 날아가고 싶은 여인의 보편적 꿈이 담겨 있는지도 모르겠다. 영화라는 매체 또한 인간의 마음과 잇게 해준다는 점에서 공통점을 지닌다. 영화를 본 후일까, 독특한 시각의 비밀을 가진 미술 장식품이 더욱 발길을 붙잡게 한다.

작품은 영화의 전당의 특이한 건축미와 무관하지는 않은 듯하다. 누구라도 이 건축물을 본다면 감탄을 자아내게 한다. 뛰어난 조형성과 해체주의의 건축 미학이 표현되어 건축사에 길이 남을 기념비적인 부산 예술작품의 하나라 한다. 이처럼 광장에 설치된 스테인리스 조각 작품도 영화의 전당에 걸맞은 상징이 될 미술 장식품이다.

세상 모든 것은 시간의 흐름에 따라 변해가기 마련이다. 그러나 간혹 변하지 않는 것도 있다. 스테인리스는 일반 강철에 비해 쉽게 변하지 않는다. 표면이 매끄럽고 깨끗해 위생적이며 관리가 쉬워 주방 기구로 많이 쓰인다. 깨어지지 않는 강한 재질이라 산업용 재료나 자동차 부속품과 건축 재료로 사용된다. 내구성이 좋아 미려한 제품 표면의 고급화에 기여한다. 조각가들은 작품 소재로 금속이나 석재와 나무 등을 사용하지만 그중 스테인리스는 깔끔하고 오랜 시간에도 변형되지 않으며, 녹슬 염려가 없어 야외 상징 조형물로 선호한다.

오래전이다. 종가인 큰집에는 모양을 달리하는 놋그릇이 많았다. 제삿날이나 명절이 다가오면 큰어머니와 엄마는 반닫이에 보관했던 색이 약간 변한 누런 놋그릇을 마당 덕석 위에 늘어놓았다. 그 시절 자주 다가오는 제사 준비로 놋그릇 닦기는 보통 힘든 일이 아니었다. 먼저 깨어진 기왓장을 빻아 부드러운 가루를 만들어 물에 으깬다. 그리고 볏짚을 뭉쳐 기와 가루를 묻혀 놋그릇을 닦기 시작한다. 잘 닦아진 놋그릇이 반질반질 빛나는 광택은 황금보다 더 찬란했다.

요즘 어느 가정이라도 스테인리스 주방 기구 몇 개쯤은 부엌의 한자리를 차지하고 있지 싶다. 지금은 스테인리스라 부르지만 내가 아주 어린 시절에는 스텐이라 불렀다. 어느 날 그릇 장수가 마을에 왔다. 닦지 않아도 물로만 씻으면 한결 반짝이며 녹이 슬거나 변하지도 깨어지지 않는다는 스테인리스 그릇 장사의 입담에 동네 아줌마들이 혹하고 말았다. 긴 세월 그릇 닦기에 지친 온 동네 아줌마들이 그릇 장사에게 놋그릇을 내어주고 변하지 않는 스테인리스 그릇과 바꿔버렸다. 큰엄마와 우리 엄마도 마찬가지였다. 큰엄마는 결혼할 때 통영에서 유명한 명인에게 특별히 주문했다는 멋진 삼층장에 부착된 나비 장석까지 떼어주고 스테인리스 장석으로 갈아 끼웠다. 그 시절 흔치 않은 모양의 귀한 놋 장석이었다.

조각 작품에 표현된 갈매기는 부산광역시의 상징이기도 하다. 그런 이유가 있어 유행가 가사에도 부산갈매기로 구성지게 불리는 새다. 하늘과 땅과 바다를 연결해주는 갈매기의 이미지가 더욱 돋보인다. 영화와도 무관하지 않다. 조각 작품이 바라보는 위치에 따라서 달라지듯, 영화라는 매체가 현실 세계와 인간의 마음을 연결하게 해주듯, 그런 점에서 둘은 공통점이 있다.

제주 한라산 윗세오름에 올랐을 때다. 백록담 외벽 사이와 깊이를 가늠할 수 없는 계곡을 자유롭게 나는 새를 한참 바라보았다. 아마도 독수리로 짐작했다. 그 순간 나도 새로 변신하여 날개를 활짝 펼쳐서 거침없이 창공을 훨훨 날고 싶었다. 살다 보면 지치고 힘겹다고 느껴질 때가 있다. 할 수만 있다면 모두 다 훌훌 벗어던지고 싶었던 순간들은 셀 수 없었다. 하지만 던진다고 벗어버린다고 버려지는 게 삶이 아니다.

영화관 광장 조각상 앞에 선다. 스테인리스 조각 작품에 수영강변의 저녁 풍경이 걸린다. 그 속에 한 마리 새가 황혼빛에 반사되어 날개를 퍼덕인다.

우도에서 45.5×27.3 oil on canvas 2018

우도에서

소가 누워 머리를 들고 있는 형상이라 해서 소섬이라고도 한다. 오늘은 우도 올레길을 걷는 것을 목적으로 정하고 출발지에서 스탬프를 찍고 첫 발걸음을 떼었다. 막 해변 길로 들어섰을 때다. 이른 아침부터 물질을 마친 해녀들이 물밑에서 건져 올린 해산물을 어촌계에 넘겨주고 있었다. 전과 다르다면 승용차나 오토바이에 테왁과 망사리를 싣고 쌩한 속도로 집으로 돌아간다는 점이다. 그렇더라도 그녀들의 모습은 활기차고 당당하게 보인다.

광활한 바다 밑은 해녀들이 암소처럼 충실하게 일하는 삶의 현장이다. 그녀들은 거친 파도와 싸워야 하고, 추위와 차오르는 물숨을 참아낸다. 숨을 모아 잠수를 반복하며 전복과 소라, 해삼과 성게, 문어 등을 망사리를 채워 자식을 교육시키고 가정을 지켜낸다. 해녀들의 물속 삶이란 잠깐만이라도 긴장을 놓을 수도 느긋할 수도 없다. 오로지 암소처럼 억척스럽게 물질을 해야 한다. 바다 풍경이 마음을 들뜨게 한다 해서 그렇게 호들갑 떨 일이 아니지 싶다.

올레 리본을 확인하며 걷던 길을 멈추었다. 검은 소가 가는 길을 막고 섰다. 이곳에서 특별히 보호받는 귀한 소란다. 처음 보는 검은 소가 신기하다. 큰 눈만 껌벅이며 비켜줄 생각은 아예 없는 듯한 발짝도 물러서지 않는다. 까맣고 도도하며 큰 덩치에 잔뜩 주눅이 든다. 겁먹은 내가 소를 피해 둘러서 갈 수밖에 없다.

우도의 주인인 황소를 만났다. 여기저기 방목 중인 누런 소들이 초록 풀이 무성한 초원에서 한가롭다. 둘러친 낮은 돌담을 사이에 두고 황소 가까이 다가선다. 사람들이 소를 볼 때는 맨 먼저 뿔을 보리라 짐작된다. 황소는 뭐니 해도 뿔이 잘 생겨야 한다. 강하게 보이는 소뿔은 우직하고 힘이 센 남성미가 느껴진다. 마주 본 소 역시 그랬다. 늠름하고 기골이 장대하고 윤기마저 자르르하다. 그런데 모습과 달리 맑고 선한 눈빛이다.

얼마 전 대기업 회장이 생전에 소장했던 유명 작품 일부를 국가에 기증하여 관심을 모으고 있다. 화면에서 잠깐 나의 눈길을 끄는 그림은 굵고 기운찬 붓질로 그려진 이중섭의 걸작 황소였다. 여태껏 한 번도 본 적 없는 흰 소도 그림으로만 볼 수 있었다. 이중섭이 제주도에 살았을 때 아마도 우도의 소를 모델로 그렸지 않았을까 하는 생각을 해본다.

옛 농부는 논밭을 일굴 때 소가 있어야 농사를 지을 수 있었다. 이제는 농촌도 여러 종류의 농기구가 개발되어 사용되지만 옛날 시골에서 소는 농사일에 없어서는 안 될 가축이다. 우리 집에는 소를 키우며 관리할 사람이 없었다. 그러니 농사철만 되면 엄마는 애를 태웠다. 소가 없고 논밭을 갈 장골도 없어 다른 집 농사일이 끝나고서야 소도 일손도 구할 수 있었다. 그때 엄마의 모습은 어린 마음에도 안타까웠다. 아버지가 있고 소 있는 친구가 너무 부러웠다.

남편은 소 그림을 그렸다. 소 떼들이 드넓은 풀밭에서 풀을 뜯고 있는 그림이다. 그림으로 별 어려움 없이 두 남매는 석사과정까지 무난히 마치게 되었다. 송아지가 엄마소 젖을 먹는 모습과, 자유롭게 노는 어린 송아지를 지켜보고 있는 어미 소도 그렸다. 사람이나 짐승이나 자식 사랑은 매한가지다. 그때 겉으로 별 표현이 없었던 그는 무뚝뚝했지만 자식을 사랑하는 심정을 그림으로 표현했던 것 같다.

그가 붓질을 하며 나에게 들려주었던 어린 시절 이야기다. 칠 남매의 막내로 자란 그가 선명하게 떠올린 것은 세 명의 형님들이 아니었다. 몸집이 가냘픈 작은누나였다. 누구보다 오빠가 많았지만 누나에게는 세 마리 소를 몰아 풀을 뜯어 먹이는 책임을 지웠다. 더구나 천방지축인 송아지까지 챙겨야 했다. 여리디여린 몸으로 힘들었을 누나를 떠올리며 마음 아파했다. 그래서인지 그는 형제 중에서도 유독 작은누나와의 정이 돈독했다. 만덕터널이 뚫리고 내가 결혼했을 때까지만 해도 시댁 마구간에는 소가 여물을 먹고 있었다.

그는 소를 부려 농사를 지었던 어린 시절을 생생하게 기억했다. 그때 가까이했던 소의 모습들을 사실적으로 그렸다. 소들이 농번기가 끝난 뒤 비탈진 초지에서 방목으로 여유롭게 풀을 뜯는 풍경을 여러 구도를 잡아 그렸다. 사람들은 찌든 도시 생활에서 서정적인 그림을 보며 옛 고향이 그리워서인지 작품을 구매해 갔다.

봄바람에 떠밀려 걷잡을 수 없는 마음에 떠나온 곳이다. 일찍 듬직한 남편을 잃어 일손이 없고 논밭을 갈 소가 없어 애태우던 너무 젊고 고왔던 내 엄마의 모습도, 자식들 등록금 마련으로 캔버스에 끝없이 붓질을 해대던 그도 떠났다. 돌이킬 수 없는 상실감은 컸다. 막막하고 허탈했던 지난 시간들이었다. 그렇다 해도 이제는 언제 어디서라도 문득 떠올릴 수 있는 기억이 있기에 영원히 함께하듯 추억할 수 있다.

우도에서 소를 보는 순간 옛 생각에 잠시 빠졌다. 우도봉 경사진 '쇠머리오름'을 한 계단씩 오른다. 이미 먼 길을 걸어 낸 터라 발길이 무겁고 몸이 슬슬 지쳐가지만 고개를 들어 정상까지 올라가야 할 높이를 가늠해본다. 올려다본 정상에는 생각과 달리 하나의 등대가 있는 것이 아니다. 뜻밖에 하얀 등대와 빨간 모자를 쓴 등대가 마치 황소의 뿔처럼 나란히 서 있다.

궁금한 마음에 무겁던 발길이 가벼워진다. 마지막 오름의 계단을 올라 정상 초입에서 먼저 하얀 등대와 마주한다. 제주 최초의 등대다. 오랫동안의 소임은 곁에 선 현 등대에게 넘겨주고 이제는 등대문화유산으로 지정되었다. 마치 하얀 두루마기를 입은 꼿꼿한 선비처럼 당당함이 느껴진다.

몇 발자국 떨어진 위치에 서 있는 현 등대는 IT 기술을 접목하여 광력을 증강시켜 모든 기능이 최신 시설로 갖추었다 한다. 요즘 한 젊음이 정치에서 대세가 되듯 등대 모습까지도 현대에 걸맞게 빨간 모자를 쓰고 있다. 이제는 멈춰버린 구 등대를 대신하는 젊은 등대가 밤마다 강렬한 빛을 먼 바다까지 쏘아 어두운 망망대해에서 뱃길을 밝혀주는 임무를 수행한다. 구 등대와 현 등대가 우도의 상징처럼 우뚝 서서 바다를 지킨다.

소이 뿔 사이에 또 하나의 뿔로 시 본다. 사방으로 탁 트인 파란 하늘과 바다가 눈부시다. 깎아지른 벼랑 위로 하얀 등대와 빨간 등대가 어우러지니 수려한 멋진 풍경을 보여준다. 언젠가 다시 와서 마주 서고 싶은 우도 등대다. 정상을 뒤로하고 계단을 내려선다.

출발하는 여객선에 올라가기 전 고개를 돌려 우도봉을 바라본다. 오늘 밤도 제주 우도봉에는 변함없이 두 개의 뿔 우도등대가 강렬하고 힘찬 섬광을 쏘아댈 것이다.

해바라기 45.5 × 45.5 2010

맨드라미 65 × 65

멈춰버린 손목시계

화장대 서랍을 열었다. 묵어 버린 것들이 서랍 속에서 다투어 눈길을 잡는다. 값나가고 고급스러운 것은 아니지만 내 가족이 한때 소중하게 사용했던 것들이다. 잡동사니라 여겨지는 것들을 웬만하면 비워 내기로 마음먹는다.

작은 서랍에는 식구들의 이름이 새겨진 도장들이 눈에 띈다. 벼락 맞은 까만 나무 도장과 작고 귀여운 빨간 뿔도장, 상아색 대리석 도장과 이제 역할을 잃어버린 남편 인감 옥도장이 가죽 주머니에 넣어둔 채로 얌전하다. 색 바랜 예전 주민등록증과 아들의 공군 제대증, 출가외인이 되어버린 딸의 학생증도 보인다. 즐기지는 않지만 특이한 디자인에 끌려 구매했던 액세서리들도 보관해 둔 채로다. 필요에 따라 찍었던 쓰고 남은 여유분 증명사진들이 옛 모습으로 남아있다. 삶을 같이했던 물건들이 되돌아갈 수 없는 날들을 고스란히 추억하고 있다.

언제부터 멈추었을까. 오랜 세월 그의 몸 일부처럼 같이했던 손목시계가 더 이상 돌아가질 않는다. 멈춰버린 시계가 떠난 사람의 생처럼 먹먹해 보인다. 그는 검은 가죽 밴드로 바꾸어 줬을 때 시계 줄이 맘에 든다고 아주 만족해했다. 그랬던 사람의 생도, 아껴 쓰던 시계도 멈추었다. 주인 잃은 시계를 보니 이별은 나에게만 있었던 것은 아니었다.

그는 아무도 흉내 낼 수 없는 자신만의 예술세계를 인정받고자 캔버스에 붓질을 해댔다. 쉬지 않는 시곗바늘처럼 그의 붓질도 멈춤이 없었다. 오직 그림 그리기에만 빠져 있는 그를 뒷받침하는 현실이 버거운 줄 몰랐다. 완성된 그의 그림 앞에 서면 온갖 시름은 눈 녹듯 사라졌다. 그 순간만은 세상을 다 얻은 듯했다. 아무나 누릴 수 없는 나에게만 주어진 행복이라 여겼다. 누구도 이해할 수 없고, 누구에게 말할 수 없었던 예술가와 내조자의 삶이었다.

아들 개인전 때다. 광주에 떨어져 사는 딸네 가족이 축하차 부산에 왔다. 어린 손자 도균이가 노래를 부르며 갤러리 그림들을 둘러보며 작품마다 동영상 촬영 중이다. 떨어진 곳에서 지켜보던 나는 도균이 노랫소리에 귀를 기울였다. 잔잔한 노랫말이 마음을 아련하게 했다. 삼촌 그림을 돌아보는 동안 그림을 그렸던 할아버지의 모습이 떠올랐던 걸까. 네 살, 너무 어렸을 때의 이별이었지만 도균이는 특별했던 할아버지 모습을 기억하고 있었다.

오빠보다 먼저 결혼한 딸이 손자를 낳았다. 할아버지가 된 그는 첫 손자 이름을 지어주기로 했다. 이름 짓기에 유명하다는 철학관을 찾아 지어온

이름이 성에 차지 않았던 그였다. 밤이 새도록 한자 사전을 뒤척이면서 도균이라는 이름을 짓고 나서야 흡족해했다. 까맣고 커다란 눈을 가진 손자의 모습만 떠올려도 그는 입가에 미소가 떠나질 않았다.

긴 팔을 뻗어 깍지를 끼고 팔 그네를 만들어 도균이를 태워 흔들어 주었다. 그의 화실에 들를 때면 팔레트에 짜놓은 물감을 찍어 캔버스에 붓질도 하게 했다. 무엇보다 자신이 소중하게 여기며 다루었던 것들을 손자에게만은 아낌없이 허락해 주었다.

그의 팔레트에는 언제나 색색의 물감들이 깔끔하게 정리되어 있었다. 그런데 이 녀석은 물감마다 붓을 꾹꾹 찍어 캔버스에 이리저리 그어댄다. 붓질하는 모습이 제법 진지하다. 헤집어 놓은 물감들이 뒤섞여 있는 팔레트를 바라보는 나는 남편이 평소에 붓과 팔레트를 얼마나 소중하게 다루는가를 잘 알기에 초조해졌다. 눈길로 그를 바라보았다. 하지만 그는 아랑곳하지 않았다. 캔버스에 색색의 물감을 그어놓은 것을 마치 추상 작가의 기막힌 작품이라 추켰다. 자신의 자질을 물려받은 천재적 재능이라 우기며 손자의 첫 그림에 즐거워했다.

서양화를 전공한 딸은 결혼 후로 붓을 들지 않았다. 타고난 소질이 있었고 그림을 그리는 능력도 특별해 보였다. 딸이 자신을 가장 많이 닮았다고 좋아하며 기대도 컸었다. 그랬던 딸은 생각과 달리 그림을 그리지 않는다. 많이 속상해하며 안타까워했다. 언젠가는 자질을 살려 다시 그림을 그리리라는 희망으로 마음의 위안을 삼는 듯했다. 그런 중에 손자의 그림 솜씨에 세상을 다 얻은 듯한 표정으로 행복해하던 모습이 엊그제 같다.

서랍 속 멈춰진 시계를 보면 먼 기억 속에서 헤맨다. 도균이가 불렀던 노래를 다시 듣고 싶었다. 전화를 걸었다. 도균이에게 '할아버지 시계' 노래를 녹음해서 보낼 것을 부탁했다. 오늘은 직접 피아노를 연주하며 노래를 부르는 동영상을 보내왔다.

> 길고 커다란 마루 위 벽시계는 우리 할아버지 시계/ 언제나 정답게 흔들어 주던 시계 할아버지 옛날 시계/ 이젠 더 가질 않네 가지를 않네

휴대폰 동영상을 반복해서 듣고 다시 듣는다. 노래 가사처럼 할아버지는 떠났다. 시계도 멈춰버렸다. 이제는 제 엄마 키를 훌쩍 넘어버린 손자가 초등학교 육학년이 되었다. 둘째 서율이도 이학년이 되었고 막내 윤슬이는 유치원을 다닌다. 세 명의 손주들이 주는 행복을 남아 있는 나만 누린다.

도균이는 내 수필집 《11월의 노랑나비》를 가방에 넣어 다니며 자랑한단다. 우리 두 부부가 예술과 현실 사이에서 치열하게 힘든 삶을 살아낸 그림과 글들이다. 먼 훗날 더 많은 세월이 흐른 다음에 손자 손녀들에게, 그리고 그들의 대를 이어 예술로 승화된 그림과 글들이 자랑스럽고 존경받는 화가 할아버지와 수필가 할머니로 남겨지고 싶다. 그것으로 세상을 살아낸 더 이상의 보람은 없을 듯싶다.

오랜만에 따뜻했던 그의 손목을 잡아보듯 시계를 쥐어본다. 온기는 사라지고 윤기마저 잃은 멈춰버린 손목시계를 닦고 또 닦는다. 함께 살아낸

시간이 한 편의 영화처럼 생생하게 펼쳐진다. 그 풍경 속에는 손자 도균이의 맑은 노랫소리가 배경처럼 잔잔하게 들려온다.

함덕 487

제주 올레길을 걷고 또 걸었다. 인간이 도저히 창조할 수 없는 대자연의 풍광에 감동한다. 지치고 힘들 때면 자연이 만든 길에서 위로를 받는다. 묵직하게 달고 왔던 일상의 근심까지도 말갛게 희석시켜준다. 올레길을 걷는 게 아니라 꿈을 꾸는 듯한 환상 속을 걷는다는 생각이 들기도 한다. 완주코스가 늘어갈수록 행복도 더해진다. 더구나 청춘인 아들이 함께 가자고 손 내밀어 주니 마음도 걸음도 느긋하다.

제주 여행 때는 늘 찾아가는 단골식당도 있다. 특히 흑돼지구이, 고기국수, 한치물회는 다시 찾아갈 때까지 입맛을 다시게 만든다. 수제 맥줏집도 빠질 수 없다. 시원한 맥주 한 잔으로 올레길 코스를 마무리하는 셈이다. 큰 체구에 순한 인상을 가진 사장님은 오랫동안 여러 곳을 다녔다고 한다. 어느 순간 제주도가 세계 어느 곳보다 아름답고 멋진 곳이라 느껴져 함덕에 정착을 했다 한다.

집 모양도 여행을 좋아한다는 주인의 취향을 그대로 보여준다. 간판에는 특이하게 서프보드가 부착되어 있다. 홀 천장에도 서프보드를 매달아 놓았다. 함덕 바다가 젊은 서퍼들이 서핑하기 좋은 매력적인 바다라는 그 이미지로 장식했나 보다. 실내조명은 따뜻함과 편안함으로 아늑하다. 오래전 귀에 익었던 음악도 잔잔하게 깔려 마음에 감성을 불러일으킨다. 입구와 마주 보이는 작은 바에는 네 개의 의자가 가지런하다. 그 위로 와인잔이 거꾸로 줄지어 매달려있다. 구석진 곳에 통기타가 벽을 기대섰고 반대편으로는 두 개의 바이올린이 액자 속에 그림처럼 걸렸다. 내가 앉은 테이블에는 개조된 작은 남포등에 촛불이 타고 포개놓은 여행책이 눈길을 잡는다. 벽 쪽에 설치된 외줄에는 사장님이 여행하고 남은 국가별 지폐들이 집게에 집혀 빨래처럼 걸어놓았다. 많은 나라를 여행한 운치를 짐작하게 한다.

반대쪽 벽에는 칠판이 걸려 있다. 레드락 수제 맥주는 진하고 부드러운 맛이 일품이라는 글귀다. 적색의 라거맥주와 와인에 대한 설명과 안주 종류도 적어놓았다. 읽어보고 취향대로 주문하기 좋다. 홀 안을 둘러보니 대부분 데이트 커플들이지만 우리처럼 모자母子는 없어 보인다.

나는 아직 확실한 술맛은 잘 모른다. 간혹 와인을 마셔보지만 매번 두통이 심하다. 그나마 마시는 술이 맥주다. 차게 얼린 잔에 따라 마시는 술은 입안을 얼얼하게 하고 톡 쏘는 시원함에 먼 올레길을 걸었던 피로를 한 방에 날려 준다. 이런 맛이 있으니 함덕 수제 맥주를 거절하지 못한다. 주문한 안주가 더디게 나와도 실내의 아기자기한 장식들을 구경하다 보면 지

Sunrise 53.0 × 40.9 oil on canvas 2014

루함은 없다. 실내 분위기와 맥주 맛에 끌려 제주 여행 때마다 들르게 되는 곳이 '함덕 487' 수제 맥줏집이다.

술을 못 마시는 남편과 달리 아들은 술을 즐겨 한다. 늦게 작업을 마무리 짓고 귀가하는 아들 손에서 종종 캔 맥주가 들려 있다. 나는 습관성 두통으로 금주인이다. 하지만 늦은 밤 채워진 술잔을 앞에 두고 아들과 대화하는 즐거움은 차마 포기할 수 없다. 이런 행복이 있어 두통의 고통쯤은 기꺼이 감내한다. 그래서 내 주량도 조금씩 늘어간다.

아들은 마시는 술에 따라 안주도 맛깔스럽게 만들어낸다. 소시지볶음, 소고기 숙주 조림, 골뱅이무침을 어울리는 그릇에 완성된 작품처럼 담아낸다. 어느 술집 주방장이 이렇게 정성스럽고 맛깔 나는 안주를 만들까 싶다. 나는 밍밍한 술맛보다 아들이 만들어내는 맛깔스러운 안주에 더 입맛이 끌린다. 내가 맛있게 먹으면 은근히 자부심을 느끼는 아들이다. 그렇다고 아들은 술을 즐길 뿐 과음이나 나쁜 술버릇 같은 것은 없다. 자신만의 주량에 스트레스가 해소되는 정도로만 즐긴다.

잔에도 관심이 많다. 술 종류에 따라 어울리는 술잔을 구매하는 것이 아들의 취미다. 특이하고 예쁜 술잔이 보이면 절대 포기를 못 한다. 물건을 고르는 눈매도 예사롭지 않아 선택해오는 술잔들은 내가 보기에도 모양새가 멋스럽다. 그러니 술잔을 탐하는 별난 취향을 나무랄 수가 없다. 앙증맞은 소주잔, 멋스럽게 만들어진 맥주잔, 여인의 잘록한 몸매를 닮은 와인잔, 심지어 노란 양은 막걸릿잔까지다. 나 스스로도 아들이 구매한 술잔에 빠져들고 만다.

이미 여러 종류의 술잔들이 진열장에 채워져 있다. 예쁜 술잔보다 요란스럽지 않고 수더분한 막걸리 양은잔 같은 아가씨에게 관심을 두면 좋으련만 내색 못 하는 내 마음만 안타까울 뿐이다. 이러한 엄마의 속마음을 모를 리 없는 아들이다. 그럴 때면 아들은 음식도 잘 만들고, 그림을 그리다 보면 외로울 틈새기 없단다. 그러니 혼자서도 잘 살아낼 수 있다며 너스레를 떤다.

주문한 레드락 맥주와 갈릭 새우구이 안주가 나왔다. 살얼음이 깔린 시원한 맥주를 마시기 전 술잔에 먼저 눈길이 간다. 전에 보지 못했던 특이한 잔이다. 대나무 마디를 잘라 놓은 듯 유난히 길고 매끈하고 묵직한 잔이다. 아들 역시 맥주가 채워진 술잔을 이리저리 살펴본다. 아들의 느낌은 내 틀을 벗어나지 않는다. 피는 못 속인다. 부전자전父傳子傳 모전母傳子傳자전이다. 아빠의 예술적 자질과 엄마의 약간의 미적인 감각을 함께 물려받은 게 틀림없다. 부산에 가면 또 새로운 모양의 술잔이 채워질 것이다.

되돌아보니 오늘 걸어낸 길도 아름답다. 내가 걸어온 길이라 더 아름답게 느껴진다. 올레길에 올 때마다 가슴에 담겨 있던 슬픈 기억들을 하나씩 털어낸다. 비워 낸 자리에 대자연의 풍요로움을 채운다. 이번 여행도 함덕 487번지 술집에서 시원한 제주 수제 맥주 한 잔으로 마무리되었다. 여행에서 돌아오면 대자연의 품 안에서 위로받았던 그 편안함과 가벼워진 마음으로 또 한동안을 잘살아내게 될 것이다.

두 발로 하는 기도

길을 걷다 가야 할 방향을 잃은 적이 있다. 순간 많이 당황했었다. 근래에는 흙길이 아닌 글 길을 잃어버리곤 한다. 생각들이 번잡해지니 떠올려 글자로 표현하기가 곤혹스럽고 답답하다. 자판 위에 올려진 손가락도 제 길을 찾지 못하고 갈팡질팡한다. 썼다가는 지우고 더듬거리고 헤매며 허우적거린다. 전신에 퍼져오는 나른함까지 더한다. 아직도 내 글눈이 밝지 못한 큰 탓이리라.

글 길을 찾아 바람길을 걷는다. 곶자왈 숲을 뚫고 빗금으로 쏟아지는 햇살을 맞는다. 육신이 소독되어 정화되는 기분이다. 바람은 내 안에 얼룩까지 말끔하게 씻어주며 아픔까지 치유해주는 명의라 여긴다. 종종 걸었던 바람길이 아니었다면 온몸이 앓아눕고 싶었던 날들을 어떻게 견뎌 냈을까. 채워왔던 무게들이 비워지고 가벼워지니 무뎌진 감성들이 녹아 흘러내릴 것 같다.

태풍이 많은 길목이다. 가장 흔하게 보이는 것이 돌담이다. 가만히 살펴보면 사람들은 빈틈없이 담을 쌓아 바람길을 막은 것이 아니었다. 돌담에 막혀 길을 잃은 바람의 저항을 잘 안다. 그러기에 제주 사람들은 절대 바람과 맞짱 뜨지 않는다. 검은 돌로 허술하게 얼기설기 쌓은 사이사이로 바람이 쪼개지며 빠져나간다. 돌담에 길을 내어 바람의 자유를 준다. 더불어 살아내는 지혜다. 많이 보고 듣고 생각들을 쌓아둔다고 다 글이 되는 것은 아니었다. 슬슬 다독이고 풀어내어 글의 방향을 잡아 자연스럽게 글길을 찾아낼 일이다.

파도를 일으키는 바람결이 거세다. 해안에 줄지어 선 바람개비가 장관이다. 망망대해로부터 불어오는 바람을 안고 거대한 날개가 쉴 새 없이 돌아간다. 파란 하늘과 경계를 허문 푸른 바다 한가운데 새하얀 해상풍력발전기가 독특한 풍광을 보여준다. 돌아가는 소리도 웅장하다. 간혹 텔레비전 여행 프로그램에서 보았던 이국적인 풍경이다. 지금 내가 먼 나라에 서 있는 듯하다. 한참 넋을 잃고 바라본다. 적잖은 나이에도 가슴이 뛴다. 힘차게 돌아가는 풍력발전기를 바라보니 내 어린 시절 만들어 놀았던 바람개비가 떠오른다. 아련해진 마음 길을 서성인다.

오늘처럼 바람이 드세게 부는 날이다. 색종이를 접어 가운데 심을 마른 수수깡에 꽂아 바람개비를 완성한다. 추운 줄도 모르고 동생과 바람을 마주하고 달리면 색종이 바람개비가 제 빛깔을 완성하며 씽씽 돌아간다. 숨이 차면 멈춰서도 센바람에 쉬지 않고 잘도 돌았다. 어릴 적부터 유난히 손재주가 좋았다. 동생을 위해서라면 뭐든지 만들어 주고 싶었다. 남자 아이들이 좋아하는 팽이나 여러 종류의 연과 딱지, 고무줄 새총도 만들었다. 돌이켜보니 동생과 놀았던 그때가 가장 행복했던 내 어린 한때였지 싶다.

지나온 것은 무엇 하나 영원한 것이 없다. 활발하게 살아내던 동생의 시간이 한순간 멈춰버렸다. 가만히 서 있어도 불어오는 바람을 타고 색종이 바람개비는 잘도 돌아갔건만 몰아치는 세상 바람에 많이도 부대꼈나 보다. 잘 돌아가던 동생의 바람개비는 다시는 돌지 않았다. 안타까웠던 마음도 흘러가는 세월에 조금씩 묻어가나 보다. 이제는 그 모습도 점점 아슴해지고 흐려져 갈 뿐이다.

누구라도 좋고 편안한 길만 걸을 수 없다는 것을 안다. 고비마다 힘들었던 날들도, 행복했던 순간들도 없지는 않았다. 삶의 기억을 되살려 보려하지만 이제는 생각조차 부식되고 닳아져 가는 듯하다. 그러나 영원히 지우고 싶은 지독했던 기억들만 생생하게 떠올라 회한을 만든다.

길이 조금씩 익숙해져 간다. 그동안 자연을 누리며 꿈속처럼 홀려 살았지 싶다. 간혹 아무도 손대지 않은 태초의 길에 나 혼자 서 있다는 느낌이 들기도 했다. 다시는 오지 않을 가버린 것들은 늘 아쉽다. 그러면서도 또 다시 다가올 시간은 불안하고 초조하다. 그래도 몸을 곧추세우며 오늘을 걷고 또 걷는다.

바람이 잦은 길이다. '걷다가 울다가 서러워서 웃는다'는 어린 소녀 가수 태연 양이 불렀던 '바람길'이다. 감성을 이끌어 시청자들을 내내 감동으로 끌고 가던 노래다. 지금 바람의 길을 걷는 내게 노랫말과 리듬이 마치 나를 위해 불러주는 노래처럼 느껴진다. 한때는 절절한 노래들이 어쩌면 모두 나를 대변하는 노래처럼 젖어 들기도 했다. 그런 때가 있었다.

늦가을. 아직은 살을 엘 듯한 바람은 아니다. 하지만 온몸으로 맞으며 험한 돌길을 걷기란 여간 힘들지 않다. 글 길을 찾아 걸어 낸 길도 막바지에 이르렀다. 풍력발전기가 돌아가는 풍경으로 오래된 기억을 떠올렸으니 힘들게 걸어낸 목적을 이루어 낸 기분이다. 눈과 마음에 담긴 풍경들은 숙성되고 삭혀져 시간의 흐름이 잔잔해지는 날 느낌으로 다가올 것이다.

오늘 바람길에서 글 길을 찾아 두 발로 하는 간절한 기도를 끝낸다.

매화 90×60.6 2011

오월, 꽃눈 펑펑 휘날리고

누군가는 찬란한 오월이라 말을 했다. 그런 봄날에 눈이 내린 듯한 풍경을 마주한다. 가로수 줄지어 선 초록 나뭇가지마다 함박눈 같은 눈꽃이 소복이 쌓여 있다. 흐드러진 꽃눈이 햇살 받아 한결 눈부시다.

이팝꽃이 만개한 밀양 위양지 아담한 저수지를 찾아간 날이다. 오랫동안 바이러스로 기죽어 칩거하는 동안 이미 봄은 깊을 대로 깊어져 있다. 하얀 풍경이 길게 이어진다. 분명 따스한 봄날의 끄트머리인데 마치 쏟아지는 눈길 속을 달리는 듯하다. 언제부터 가로수길에 이렇게 많은 이팝나무가 있었나 싶다. 화려하지 않지만 흰색이 주는 청초함과 소박함이 신록과 어우러지니 절정의 절경이 된다. 일상에 찌든 몸과 마음이 정화되고 피곤했던 눈이 한없이 편안해진다. 아담한 저수지를 돌며 이팝나무 향기에 젖어 든다. 겨울의 눈은 거센 북풍이 휘몰아가고, 봄 눈꽃은 훈훈한 남풍에 날려간다는데, 청명한 봄날의 이팝꽃이 마음을 황홀경으로 몰아간다.

고목 이팝나무가 풍성한 꽃을 피웠다. 완재정 아래 고요한 물속에도 선명하게 이팝꽃이 피어 있다. 여기저기 연인들이 두 손을 잡고 위양지 둘레길을 다정하게 걷는다. 이팝꽃 피는 날에 젊은 추억을 만들기에 이만한 곳도 드물 듯싶다. 그들은 순간순간을 놓칠세라 카메라에 담기 바쁘다. 먼 날의 되새김할 멋진 추억 만들기에 동참하고 싶은 만큼 설레게 하는 봄 풍경이다. 마음은 청춘의 흉내라도 내고 싶지만 어찌할 건가. 이토록 고운 봄날을 흘려보낸 젊음에 아쉬움과 후회만 들썩인다.

나뭇가지를 비집고 햇살이 쏟아지니 풍성하게 핀 꽃이 더욱더 눈부시다. 풋풋한 봄바람이 낯선 객을 앞장서 간다. 흰 꽃과 초록 잎이 어우러지니 낯설지 않은 풍경으로 다가온다. 돌아갈 수 없는 먼 기억을 떠올려주는 봄의 푸름. 양지바른 언덕 마른풀 사이에는 제법 자란 쑥이 지천으로 널려 있었다. 다보록이 자라나는 쑥을 캤던 기억이 지금까지 생생하다. 첫 쑥을 바구니에 소복하게 캐오면 엄마는 쌀가루를 쑥에 묻혀 가마솥에 쑥털털이를 쪄낸다. 초록 쑥과 흰 쌀가루가 버무려진 쑥털털이가 지금 바라보는 위양지 이팝꽃을 똑 닮았다. 설탕이 귀했던 때라 사카린을 쳐 달짝해진 쑥 향의 맛은 잊을 수 없는 영원한 맛이다. 그 시절 봄이면 쑥털털이가 내 미각을 온통 지배했다.

호숫가 정자에 앉아 본다. 때맞추어 불어오는 바람에 땅에 떨어졌던 꽃잎이 휘둘리며 날아오른다. 정자에 가만히 앉아 있는 나도 사정없이 봄눈을 맞는다. 겨울눈과 진배없이 화르르 나는 꽃잎을 잡으려 팔을 뻗어 사방을 휘저어 본다. 손이 허공을 가르지만 꽃잎 하나 잡을 수 없다. 잡히지 않는 것이 어찌 꽃잎만인가. 그리움이 까마득히 허공으로 날아간다. 세상에서 가장 놓치고 싶지 않았던 그 사람도 잡히지 않는다. 간절히 잡고 싶은 것일수록 서둘러 아득히 먼 곳으로 떠나기 마련이다. 허망했던 세월도 안타깝다. 이제는 남아 있는 내가 기억으로만 반추할 뿐이다.

초록이 흐르는 오월 속의 하루, 내게 수어진 자유로움에 일부러 무디게 했던 감성이 되살아난다. 노래도 이제는 그리 슬프지 않은 채로 입안에서 소리 없이 흥얼거린다.

> 남들도 모르게 서성이다 울었지/ 지나온 일들이 가슴에 사무쳐
> 텅 빈 하늘 밑 불빛들 켜져 가면/ 옛사랑 그 이름 아껴 불러 보네
> 후회가 또 화가나 눈물이 흐르네
> 이제 그리운 것은 그리운 대로/ 내 맘에 둘 거야
> 그대 생각이 나면 생각 난 대로/ 내버려 두듯이
> 흰 눈 나리면 들판에 서성이다/ 옛사랑 생각에 그 길 찾아가지
> 하얀 눈 하늘 높이 자꾸 올라가네/ 눈 녹은 봄날 푸르른 잎새 위에
> 옛사랑 그대 모습 영원 속에 있네
>
> – 이문세의 〈옛사랑〉 일부

위양지 둘레길을 걷는다. 산전수전 다 겪고 생명을 잃은 그루터기가 사람들의 집중적인 카메라 세례를 받고 있다. 밑둥치만 남아 세월의 무게를 견디고 있다. 삭아가는 나무 둥치를 바라보니 내 삶의 아팠던 세월 한 자락 늘어놓을 수 없다. 시간 속에서 견뎌내는 것이 생이지 싶다. 나를 돌아다본다. 나이 들어감은 세월의 무게를 감당하는 것이다. 쇳덩이가 용광로

에서 열꽃을 피우는 고통을 견뎌내듯, 아프고 그늘진 기억의 무게들을 이제는 스스로 감내해야 한다. 순응하고 받아들일 일이다. 죽은 나무 둥치를 위로하듯 해맑게 핀 노란 창포꽃이 마음에 녹아든다.

노란색을 좋아하는 나도 이렇게 해맑은 빛은 처음이지 싶다. 호수에 발을 담그고 길게 뻗어 오른 잎줄기가 싱싱하고 푸르다. 노란 창포꽃이 또 다른 풍경을 만들어 준다. 잔잔하게 피어 있는 꽃을 바람이 살짝 흔들어 놓고 떠나간다. 마치 불꽃처럼 피어나다 한순간 사라진 사람처럼. 되돌아보니 내 생에도 그림 같은 풍경 하나 보이는 듯하다.

가만히 서서 꽃눈이 날아가는 모습을 바라본다. 꽃말이 '영원한 사랑'이라는 이팝꽃이 지금 내게는 '옛사랑'의 꽃말로 느껴진다. 매년 같은 꽃으로 피어나지만 그때마다 꽃을 바라보는 감성은 다를 터. 다음 또 이곳에 선다면 그땐 어떤 감성으로 위양지 풍경을 지켜볼까. 오늘 푸른 호수를 배경으로 한 이팝꽃의 하얀 고결함에서 누구에게서도 받을 수 없는 큰 위로를 받았다.

오월, 위양지 호수 속에 꽃눈 펑펑 휘날린다.

최여사, 한라산에 오르다

이번에는 제주 한라산 정상에 오르자 했다. 최여사는 아직 다리가 튼튼하니 충분히 오를 수 있다고 부추긴다. 사실 내 연배에는 무릎관절 이상으로 아무나 도전할 수 없는 산이다. 대한민국의 최고봉에서 최여사의 전설을 만들어보자는 아들의 꼬드김이 마음을 당긴다.

제주도 올레길을 수없이 걸었건만 한라산은 오를 생각을 못 했다. 너무 높고 긴 산이라 엄두를 내지 못했던 터다. 저 높은 하늘과 맞닿은 정상에서서 손을 뻗으면 기다리던 그리운 이가 손잡아 줄 것만 같다. 만일 누군가가 제주도 여행을 꿈꾼다면 제일 먼저 한라산 등정이 아니었나 싶다. 아들과 함께 제주의 상징인 백록담 정상에 서 보자던 그 일을 실행에 옮기기로 했다.

제주도 도착 다음날. 이른 아침 한라산 출발지인 성판악에 도착했다. 햇살이 퍼지지 않은 오월의 아침 날씨는 맑고 쾌청하다. 더위를 식혀 줄 솔

바람도 간간이 불어준다. 산을 오르려는 사람들에게 한라산이 베푸는 배려인 것 같다. 동호회나 가족들과 남녀 친구들로 보이는 이들이 출발지점에서 기념 촬영을 하느라 북새통이다. 탐방안내소에서는 등반의 안전을 위한 주의 방송을 하고 있다. 이제는 대피소에서 먹을 것은 일체 판매되지 않으니 충분한 물과 먹거리를 챙겨 가라는 당부와 함께 자신의 쓰레기는 버리지 말고 꼭 챙겨오라고 했다. 한라산 환경문제 방송을 반복해서 하고 있다.

한라산에 자신 있게 첫발을 들여놓았다. 백록담 풍경을 상상하며 초입에 들어서니 원시림의 조화가 절묘하다. 내게 산빛이 가장 아름답게 느껴지는 계절이라면 단풍 진 가을이 아니다. 녹색이 짙은 오월이다. 마치 산이 싱그러운 초록 옷을 걸쳐 입고 봄빛 속을 걸어 성큼 내게로 오는 듯하다. 수줍은 듯 피어난 야생화의 고운 생명체의 참모습은 이런 청초하고 맑은 것이 아니었나 싶다. 모든 사람이 깨끗하고 순수한 아름다운 산꽃에 마음을 빼앗기듯 나는 역시 싱그러운 초록에 빠져들고 싶다.

세상의 높은 곳으로 향한다. 화산으로 이루어진 제주에는 어디를 가나 돌 천지다. 마치 제주 사람들에게는 공기처럼 느껴지는 현무암이건만 돌이 깔린 산길을 걷는 게 그리 쉬운 일은 아니다. 우연과 필연으로 주어졌던 원망들이 모난 돌로 불쑥불쑥 튀어나와 방심하면 발목을 삐기 십상이다. 자연히 시선이 발끝으로 쏠리니 주변 경치를 둘러볼 겨를이 없다. 진달래 대피소를 지나고부터 이것쯤이야 했던 생각은 달라졌다. 거칠고 길었던 올레길도 충분히 걸었건만 끝 모르는 오르막인 한라산 등정은 너무

한라산에 오르다

달랐다. 산을 오르는 다른 사람들 역시 발길을 멈추기도, 또 주저앉기를 반복한다.

기후변화 탓인지 여름이 빠르고 점점 길고 독해지나 보다. 얼굴과 목으로 땀이 줄줄 흘러내린다. 한 계단 오를 때마다 멋진 풍경을 떠올리고 더 오르면 더 멋진 풍경만을 생각했다. 도무지 이승의 것이라고 믿고 싶지 않은 끝없이 이어지는 가파른 돌계단. 이쯤에서는 한 계단 오르기도 버겁다. 당장이라도 포기하고 싶다. 이런저런 말을 걸어오던 아들도 말문을 닫아 버렸다. 아무래도 내 체력을 무시한 무모한 도전으로 여기는가 보다. 이젠 되돌아갈 수도 없는 길이 아닌가. 사서 고생이다. 지금 나에게 적절하게 해당되는 말인 것 같다. 독하게 마음을 다잡고 묵묵히 걷는다. 아득히 정상이 올려다보이는 곳에 벼랑 계단을 오르고 있는 앞선 저들이 부러울 뿐이다.

산을 오르는 사람들의 모습도 다르다. 등산복과 장비를 완벽하게 갖추고 폼나게 성큼성큼 오르는 사람, 자신의 체력보다 무거운 커다란 배낭을 짊어지고 버겁게 오르기도, 노루처럼 성급하게 뛰어오르는 이들도 있다. 사람들이 각자의 방식으로 목표한 삶을 이루어 내듯, 지금 산을 오르는 이들의 목적지는 같을 것이다.

뭘 얻겠다고 경험하지 못한 육신의 고통을 감당해야 하는지. 내가 언제 높은 곳에 서기 위해 기를 쓰고 살았던가. 오직 내 분수에 맞게 있는 듯 없는 듯 그렇게 살아왔던 삶이 아니었던가. 육신에 고통이 주어지니 정상을 올라야 했던 의미마저 깡그리 잊고 말았다. 올레길을 걸을 때마다 바라본 한라산은 머리에 하얀 구름 띠를 두르고 한없이 평화롭고 경이롭게만 보였다. 막상 산속으로 들어와 보니 거칠고 험하다. 이 거대한 산속에서 인간이란 자연의 한 자락에도 못 미치는 작은 현무암 조각에 불과하다는 생각을 해본다. 나 스스로 검은 돌길을 걷는 고행을 자초한 일이 아닌가. 그러나 산은 사람들이 쏟아내는 원망에도 아무런 내색 않고 툭툭 차는 거친 발길질도 묵묵히 참아준다.

사방이 넓은 산마루에는 죽어 뒤엉킨 나무들이 하얀 뼈처럼 널브러져 있다. 살아 천년 죽어 천년을 살아낸다는 주목이다. 세월의 풍상에 시달리고 꼬이고 굽이지고 휘어지다 결국 견디지 못해 쓰러진 나무들. 녹색이 짙은 오월임에도 자신의 색을 잃어버리고 흰 속살을 드러낸 고사목이 장성처럼 서 있다. 나무들의 생이 거친 것이나, 힘들게 살아낸 찌들어 망가진 사람의 생이나 한 치도 다를 바가 없다. 죽은 구상나무가 삶의 의미를 일깨워준다.

정상에 가까울수록 냉기가 온몸을 파고든다. 살갗을 에이는 여름의 날씨가 얄궂다. 연신 콧물이 흘러내린다. 오월 말, 이른 폭염 주의를 예보한 산 아래 날씨와 완전 다르다. 백록담이 가까워지니 계단은 더 가파르다. 밧줄을 잡고 간신히 한 발짝씩 정상을 향하지만 세찬 바람이 몸을 날려 버릴 기세다. 지금 나의 모습은 물기 없는 담벼락을 타고 오르는 외로운 담쟁이의 질긴 힘줄처럼 느껴진다. 살아온 시간들의 아픈 상처까지 숨으로 내뱉는다. 마지막 코스에서 육신의 관절과 근육들이 온통 아우성을 질러댄다.

더 이상 오를 곳이 없는 정상에 도착했다. 한라산 분화구가 뿜어 굳어진 기이한 형태의 현무암이 백록담을 둘러싸고 있다. 내 역량을 초월한 기막히는 경험의 기적 같은 순간이다. 분화구에 생긴 호수. 삼대가 덕을 쌓아야만 볼 수 있다는 백록담이다. 사슴만 먹는다는 신비스러운 물도 선명하다. 도전하지 않았다면 볼 수 없었던 기가 막힌 비경이다. 자연이 주는 이 경이로움에 울컥인다. 백록담을 바라보고 또 바라보았다. 한라산의 광활한 풍광을 눈에 담고, 가슴에 담고, 두고두고 보려고 카메라에 담는다. 오늘 오른 이들이 세상을 살아내는 동안 많은 덕을 쌓은 그 덕을 내가 보는 건지, 아니면 나의 조상님께서 덕을 쌓아 오늘 내가 덕을 보고 있는 건지도 모를 일이다. 힘들게 올라온 고통이 한순간 사라진다. 성취감에 한껏 취한다. 많은 전설을 품고 있는 민족의 영산에서 산의 정기를 느껴보며 표지석에서 아들과 인증샷을 남긴다.

정상 아래 사방으로 펼쳐진 풍광들이 아득하다. 마치 제주가 바다 한가운데 덩그러니 떠 있고 중심에 내가 서 있는 느낌이다. 오름도 집도 한라산 아래서 납작 엎디어 있다. 두고두고 잊지 못할 자연이 주는 경이로움. 다리가 후들거리고 종아리가 땅겨도 즐겁다. 느지막이 인생길에 도전하길 잘했다. 한라산에 오르길 참 잘했다. 이런 기분을 느끼려고 사람들은 더 높은 곳을 꿈꾸나 보다. 살아내는 동안 바람과 비와 폭풍과 마주했던 많은 날을 허물었다. 이 순간의 황홀감으로 남은 생을 잘 살아낼 것 같다.

구름과 바람이 잠시 쉬었다 가듯, 정상에서 하산한다. 9시간 등정을 마무리하고 출발했던 성판악에 돌아왔다. 탐방 안내소에서 한라산 등정 '인증서'를 받았다. 내 생에 가장 많이 걸었고, 육체적으로 가장 힘들었던 마법처럼 느껴지는 하루다. 자신의 과한 욕심이 엄마를 고통스럽게 만드는 것 같아 등정 내내 큰 후회를 했다는 아들. 비로소 활짝 웃는다.

"우리 대단하신 최여사!"

엄지손가락을 추켜세운다. 세상 한참을 살아내야 할 아들에게 가장 힘센 추억 하나 남겨준다. 이제 나에게 주어진 삶은 비 오면 물 흐르듯, 바람 불면 나뭇가지가 춤을 추듯 순리대로 살아내려 한다. 비좁았던 마음에 큰 산 하나 들어온 듯하다.

무면허 삼대

딸은 둘째 손녀 앞니에 묶은 실을 잡고 웃음을 참지 못한다. 큰손자가 제 동생 젖니 발치하는 장면을 휴대폰으로 촬영하며 나에게 생생하게 중계 중이다. 둘째는 앞니를 무명실에 묶인 채 벌린 입을 다물지 못하고 있다. 이미 제 엄마가 할 행동에 질린 듯 불안한 모습으로 커다란 눈만 껌벅이며 울음보가 터지기 직전이다. 셋째는 지금 벌어지고 있는 상황을 호기심 가득한 눈길로 바라보고 있다.

치아 뽑기는 성장하는 아이에게 중요한 의식이다. 무명실을 치아 뿌리 가까이에 단단히 묶어야 한다. 느슨하게 묶으면 실만 빠져나와 낭패하기에 십상이다. 한순간 이마를 딱 친다. 맞은 아이가 얼떨결에 놀라는 찰나 실을 쥔 손을 잽싸게 당겨야 한다. 그런데 딸은 한번 터진 웃음보를 멈출 수가 없나 보다. 웃느라 실을 당기는 손에 힘을 주지 못한다. 둘째는 무서움에 결국 울음을 터트린다. 중계하는 큰 녀석은 할머니는 실패한 적이 없었다는데 엄마는 할머니의 능력을 전수하지 못했는지 실패만 거듭한다는 멘트를 날린다.

동영상을 보면서 과감하지 못하고 머뭇거리는 모습이 어설프고 답답하다. 딸은 묶은 실을 잡고 심기일전 다시 시도하더니 치아 뽑기에 성공하였다. 이가 빠진 자리에 약솜을 물고 있는 둘째 모습을 보는 것으로 동영상 중계는 끝이 났다. 웃음과 울음이 교차하는 행복한 딸 가족의 한 모습이다.

어릴 때 병원도 없는 시골에서 자랐다. 이가 흔들리면 여간 신경이 쓰이지 않는다. 더구나 예민한 나는 온통 정신이 흔들리는 이에 가 있다. 그때 엄마는 반은 의사였다. 젖니가 흔들릴 때면 당연히 엄마의 무면허 치과 진료가 시작된다. 어떤 어른들은 이를 묶은 실 끝을 문고리에 연결하여 문을 젖히는 순간 뽑는다지만, 우리 엄마는 그런 억지는 부리지 않았다. 무명실을 도구로 사용하지도 않았다. 발치 의료 행위는 그래도 한발 앞선 것 같다. 얼마나 흔들리는지 살짝 확인만 하겠다며 나를 안심시켰다. 엄마 말이라면 감히 거역할 수 없어 입을 크게 벌린다. 흔들어 확인하는 순간 손가락 끝으로 잽싸게 젖혀 버린다. 어느새 엄마는 내 입안에서 피 묻은 빠진 이를 꺼내어 보여준다. 이미 절반은 빠져 있던 상태라 별 아플 것도 없다. 엄마는 손가락 하나로 해결하였으니 그 시절 나름 능력자였다. 뽑은 이를 지붕 위에 힘껏 던지며 까치에게 새 이를 달라는 신성한 절을 하며 발치가 마무리되었다. 그러고 보니 그때 온 동네 이빨이 흔들리는 아이들은 거의가 우리 엄마에게로 보내졌다. 무면허이지만 동네 면허증을 가진 발치 전문가였다.

신경 쓰이던 이를 뽑았으니 시원하기는 했지만 동네 개구쟁이 머슴애들이 앞니 빠진 개호주라 놀릴 것은 뻔하다. 더구나 앞니가 없는 못난 얼굴이 되었으니 창피하기도 했다. 괜히 투정 부리며 크게 울었던 것 같다.

이후로 나는 이가 흔들려도 절대로 엄마에게 알리지 않았다. 많이 흔들리면 힘들지 않아도 쉽게 뽑혔다. 나 스스로 치아를 빼면서 공포심에서 벗어나고 내가 뽑았다는 뿌듯함도 있었다. 어릴 때 치아를 잘 뽑았던 그 재능을 살렸다면 나는 아마도 치과 의사가, 그것도 치과 의료계에서도 소문난 명의가 되었지 싶다는 말도 안 되는 생각을 하면서 싱겁게 혼자 픽 웃는다.

그래도 까치에게 지성으로 빌었던 엄마의 덕분인지 모르겠다. 치아교정도 없었던 시절이었지만 내 치아는 하나도 삐뚤어지지 않고 가지런하다. 한동안 잊고 지냈던 기억들이 밀려온다. 치과의사의 진료를 받지 못했던 시절, 엄마는 무면허 진료라지만 합병증은 없었다. 요즘 젊은 엄마들은 이가 조금만 흔들려도 치과 의사에게로 달려간다. 집에서 발치할 일이 없다.

자식 둘을 키우면서 엄마가 발치해주던 그 의료 행위를 대를 이어 내가 하고 있었다. 요즘도 간혹 아들과 딸은 오래전 이야기를 농담 삼아 하고 있다. 엄마에게 붙들려 이를 뽑혔던 불안했던 기억 때문인지 딸은 큰손주를 데리고 치과에 다니며 충치 검사도 받고 젖니도 뽑았다. 나의 이빨 빼는 능력은 아무래도 내 엄마의 실력보다 한참 못 미쳤나 보다. 그래서인지 아들 치아는 고르지 못하다. 어떻게 집에서 무작스럽게 이를 뽑을 수가 있느냐며 간혹 남매가 나를 타박했다. 그런 딸이 자녀 셋을 키우다 보니 일일이 치과에 데리고 다니기도 힘들고 귀찮아서인지, 아니면 이 정도 흔들리는 젖니는 충분히 뺄 수 있다는 그동안의 엄마로서의 자신감이 생겨서인지 모르겠다. 어느샌가 둘째 셋째에게도 발치를 하고 있다.

나이 든 사람들은 어린 날의 이런 기억 하나쯤은 있으리라 짐작된다. 무면허 치과 진료 행위는 내 엄마에서 나를 거쳐 그렇게 또 딸에게 대물림되었다. 이후로도 큰손자는 제 동생들의 이빨 뽑기 동영상을 몇 차례나 더 중계해 주었다.

이다음 큰손자와 두 손녀도 어른이 되었을 때 오늘을 추억할 것이다. 저희끼리 모여서 제 엄마 무면허 의료 행위를 떠올리며 한바탕 크게 웃지 싶다. 그런데 이담에 손자 손녀들이 어른이 되었을 때 제 어린 아들딸에게 할 짓을 상상해본다. 왠지 내 예감은 틀리지 않을 것 같다.

제2부 붉은 녹

비의 랩소디 72.7 × 53.0 2012 oil on canvas _ 김성규

주름을 지웠습니다

낙동강 강변만큼 헝클어진 생각들을 비워 내기에 좋은 곳이 없다. 세찬 바람이 불면 강은 바다처럼 으르렁거린다. 산들바람이 불라치면 자잘한 물살로 찰랑거린다. 오래전 기계 주름을 잡아 입었던 짙푸른 시폰 원피스 자락처럼 결결이 흘러간다.

오늘따라 강변길이 봄날처럼 포근하다. 며칠 전만 해도 한파 주의보를 알렸는데 강물의 표정이 잠잠하다. 말끔히 닦여진 유리판처럼 매끈하여 강변 따라 늘어선 앙상한 벚나무들도 평평해진 물속에 얌전히 내려앉아 있다. 잘 찍은 사진처럼 맑고 선명하게 보인다. 마치 어제 찍었던 증명사진 얼굴처럼 보여 웃음이 난다.

운전면허증 갱신 통보를 받았다. 증명사진을 지참하고 면허시험장으로 와서 재발급을 받으란다. 자동차 운전을 하지 않는 사람들에게 요즘의 면허증은 주민등록 역할을 대신한다. 주위에는 운전면허증을 반납한 사람들도 간혹 있어 어떻게 할까 며칠을 망설였다. 그래도 만약을 위해서 갱신을 해두라고 아들이 당부했다. 갱신하려면 근래 사진이어야 한다니 증명사진을 찍어야 했다.

건물 모서리에 자리한 작은 사진관에 들어섰다. 사진사는 별 내색 없이 의자를 가리킨다. 그는 카메라 앞 의자에 앉은 나에게 고개를 약간 돌리고 턱을 조금 올려 보란다. 처진 눈꺼풀로 실눈이 된 지도 오래인 눈을 자꾸 크게 뜨라고 한다. 사진사의 요구대로 이런저런 포즈를 취해 보지만 마음이 마뜩잖아진다. 몇 번의 포즈를 잡아 셔터를 누르더니 현상하는 동안 십오 분 정도 기다리란다.

누구나 태어나면 세상을 살아내는 삶이 주어진다. 처음부터 주어진 삶이 아니다. 정신적 육체적으로 부대낀다. 나의 운명도 고통을 비껴갈 재주가 없었다. 마음과 정신이 흐트러졌던 그때부터 평생 동안으로 여전할 줄로만 믿은 얼굴이 자잘한 결이 지기 시작했다. 그 정도는 화장으로 가려졌다. 그러나 이마저도 카메라 앞에서는 속수무책이다. 솔직하게 표현해주는 것이 카메라인 만큼 숨길 수도 속일 수도 없다. 자연히 사진 찍기를 피하고 얼굴 상태가 정확하게 드러나는 증명사진은 더욱 껄끄럽다. 하지만 갱신을 하려면 거부할 처지는 아니다. 한참 후에 사진사가 몇 가지 크기의 사진을 용도에 따라 사용하라며 종이봉투에 담아주며 하는 말이다.

"주름은 지웠습니다."

설핏 들었지만 귓전으로 흘렸다. 사진값을 지불하고 수고했다는 인사를 하고 밖으로 나왔다. 건네받은 사진을 바로 확인하고 싶지는 않았다. 어차피 나이 들어 층층해진 얼굴이라 짐작했다. 집으로 가는 지하철을 기다리는 동안 가방에 넣어둔 종이봉투를 꺼냈다. 사진을 보는 순간 웃음이 터졌다. 무심하게 들었던 사진사의 말을 실감하게 되었다.

그의 말대로 주름이 지워졌다. 그것도 감쪽같다. 주름 없던 사십 대의 모습을 보는 듯했다. 누구에게라도 보여주고 싶다. 어떻게 보면 고객 서비스 차원의 영업 전략이지 싶다. 아니면 사진관을 찾아온 손님에게 지난했던 세월의 흔적을 지운 얼굴에 잠시나마 행복한 기분을 주려는 자신만의 철학인지도 모르겠다. 사진관으로 향할 때의 무거웠던 마음과 달리 집으로 오는 내내 기분이 좋아지며 발걸음이 가볍다. 순리에 따라 살리라 했지만 나 역시 늙음을 부정하고 싶은, 나이 들어가는 여자인가 보다.

사람에게 얼굴 주름만 생기는 게 아니다. 마음에도 주름이 진다. 한때는 '감정노동'이란 말과 '갑질'이란 일화들이 종종 뉴스에 등장했다. 전에는 고객을 무조건 왕으로 대접했다. 지금은 아니다. 부당한 고객은 감정노동자로부터 왕의 대접을 받을 수 없는 세상이 되었다. 나도 오랫동안 의상실 경영으로 감정노동자가 되어 을이 될 수밖에 없었던 시절을 살아냈다.

패션의 완성은 디자인을 거쳐 봉제사의 섬세한 손길을 거쳐야 옷이 마무리된다. 노련한 봉제사가 귀했다. 그런 이유로 그들의 기술 갑질은 대단했다. 앞선 패션으로 고객의 개성을 살려주는 매력 있는 업이기는 하다. 봉제사들이 성실하게 출근해서 주문받은 옷을 완성해 준다면야 별 문제될 게 없었다. 고용주인 내가 을의 입장이 될 수밖에 없었다. 강물도 먼 곳에서 바라보면 잔잔하고 편안한 멋진 풍경이 되지만, 가까이 다가서면 결결이 주름지는 물살로 흘러간다. 부대끼며 흘러가는 저 강물 속을 누가 헤아릴 수 있으랴. 화려한 겉과 달리 안으로 삭일 수밖에 없었던 주름진 세월이었다.

젊어지고 싶은 마음은 인지상정人之常情이다. 의술의 힘을 빌려서라도 젊어 보이고 싶은 것이 여자의 마음이다. 얼굴에 주름을 없애는 사진 기술처럼 성형 의술도 노화 속도를 지연시키는 눈부신 발전을 거듭하고 있다. 그러다 보니 과하다 싶을 정도로 변한 모습을 보게 된다. 가까웠던 사람의 얼굴이 완전히 바뀌어 낯선 사람처럼 어색하게 느껴졌다. 자연스레 주름진 이전의 친근했던 모습을 그려보게 되며 황당해했던 적이 있다.

굳이 누구에게 젊어 보일 일은 없다. 사람은 세월 따라 자연스럽게 늙어가야 한다는 아들의 농담처럼 그렇게 나이 들어가리라는 생각이었다. 여기까지 온 터에 억지로 젊게 보일 처지는 아니지 싶다. 아무리 성형 의술이 발달했다 하더라도 노화는 피할 수 없다는 것을 내 몸 여기저기서 신호가 말하고 있지 않은가.

운전면허증을 갱신하러 갔다. 사무실에는 많은 사람이 대기 상태다. 한참 기다려 순번이 되었다. 작성한 서류와 소지하고 온 전 면허증과 증명사진을 창구로 밀어 넣었다. 창구 직원이 마스크를 내려 보란다. 사진과 내 얼굴을 번갈아 보더니 삼십 분 후에 갱신된 면허증이 나오니 기다리라고 한다. 담당 직원 눈에도 무리해 보이지는 않았나 보다.

주름이 지워진 새 면허증을 받아들고 한참 눈길을 떼지 못한다. 어쩌다 주민등록증을 미처 지참하지 못한 상황에 다다르면 갱신한 운전면허증을 내밀 참이다. 유유히 흘러가는 저 낙동강 물도 날씨에 따라 표정을 달리하듯, 오늘은 마음의 물살까지 지우는 화창한 봄날 같다.

붉은 녹

정원에 벌거벗은 사내가 서 있다. 오가는 많은 사람과 무언의 소통을 하고 있다. 무심한 듯 보이기도 하고 상실감에 빠져 있거나 무력감에 압도된 모습이기도 하다. 여름이면 따가운 햇살에 그을리고, 세차게 쏟아지는 비를 맞으며 벌건 녹을 재촉했을 테고, 겨울에는 맨몸으로 모진 칼바람과 흰 눈을 견디며 거친 세상과 맞섰을 것이다. 이 모든 것을 견뎌내면 묵묵히 서 있는 무쇤들 온전할 리가 있겠는가. 거칠어진 전신이 붉다 못해 검붉어졌다.

옷을 벗은 원시인 그대로다. 미술관 정원 한가운데 2미터 큰 키의 남자 조각상이 서 있다. 세계적인 영국 조각가 안토니 곰리의 남성 나체 조각상이다. 먼 곳으로 향한 눈길과 아래로 뻗어 있는 손끝은 유난히 힘을 주고 있다. 언제라도 출발할 자세다. 현실을 살아가며 지쳐버린 누군가의 가장이나 아버지가 다시 일어서라는 말을 담은 듯하다. 명상과 수행하는 자세로 자연에 몸을 맡긴 구도자처럼, 때로는 외로우면서 의연한 인간의 모습으로 미술관 정원 앞길을 오가는 사람들의 시선을 끌며 도시의 관찰자로서 있다.

옷을 벗은 맨몸이 온통 불덩이처럼 탄다. 차마 그의 몸 가까이 다가설 수가 없다. 열정이 그의 몸에서 이글거린다. 예술작품을 감상하려는 것뿐이건만 가까이 서 있는 내 얼굴이 화끈거린다. 정원에 설치된 조각들은 국내외 유명 작가들의 이름을 달고 있다. 그중에 하필이면 벌거벗고 실물처럼 서 있는 남자 조각 작품을 요리조리 훑어보는 여자를 어떻게 보겠는가. 미술관 앞길을 오가는 사람들의 시선에 예민해지면서 조금은 민망스럽다. 내가 곰리의 작품을 온전히 이해하기 힘들지만 세계에서 인정을 받는 예술세계를 알아보려는데 목적이 있다. 시선에서 당당해지기로 마음을 정한다.

곰리는 웅크리거나 선 자신의 몸으로 독특하게 작품을 만들었다. 벌거벗은 몸에 석고를 바르고 굳을 때까지 틀 속에서 근육의 경직과 폐쇄공포증 등 육체적 고통을 견뎌냈다. 육신을 비워 낸 틀에 쇳물을 부어 주물을 뜬다. 굳어진 주물을 깎아 입체 형상을 만든다. 작가는 몸과 마음의 수련을 거친 후 예술작품을 완성시켰다. 영혼을 통해 직관적으로 느낄 수 있는 존재에 대한 성찰까지 느껴진다. 그는 자신의 몸이 예술의 소재이자 완성이 되었다. 동양철학과 불교의 근본 교리인 인연의 이치를 작품에 그대로 담아냈다고 한다. 자신이 머물렀던 텅 빈 바디 케이스는 인체 조각이 되어 대자연과 도심 속에서 사람들의 영혼을 채워주고 있다. 현대에 쇠는 여러 가지 용도로 사용된다. 또는 오래전부터 신뢰와 강인함의 상징으로 쓰였다. 강철 같은 의지, 강철 같은 심장이라 표현하고 건장한 남자의 근육 진 팔다리를 무쇠 팔 무쇠 다리라 말을 한다. 첫 쇳물이 생산된 이후 반세기 동안 제철 산업으로 흑자를 유지하고 있는 포스코 설립자 박태준 회장도 '철강 왕'이라는 호칭을 얻었다.

하지만 금속도 산화되고 녹이 슬면 본래의 성질을 잃게 된다. 강도가 약해져 쉽게 부스러져 속절없이 무너진다. 철을 위협하는 붉은 재앙이 녹이다. 녹슨 것은 의미도 좋지 않은 물체로서 이래저래 난감하다. 결국 현대를 살아내는 누군가에게는 다시 돌아갈 수 없는 삶이기에 더 쓸쓸해진다.

붉은 녹이 슨 조각상을 보니 생각이 난다. 몇 년 전에 내후강판을 사용하여 새로운 건축공법을 시도한 여자 건축사를 알게 되었다. 건물 외벽에 부착한 강판에 공기나 빗물이 접촉하면 산화작용으로 표면에 녹이 슬게 된다. 일정하게 슨 녹은 건축 강판의 보호막이 되어 철의 부식을 방지하면서 더 강하고 단단하게 한다는 설명을 들었다. 그녀가 내후강판으로 건축했다는 건물을 찾아가 보았다. 건물 외벽에 슬어 있는 붉은 녹은 독특한 색감을 드러내었다. 어느 예술가도 어떤 페인트 색으로도 만들어 낼 수 없는 신비스러운 색채였다. 건축사가 내후강판에 붉은 녹을 피워 완성한 건물이 그저 신기하기만 했다. 건물은 거대하고 멋진 그녀만의 조형 예술작품으로 보였다.

그날 새롭게 다가오는 녹의 의미에 감동했다. 부정적인 이미지로 여겨왔던 내 생각이 바뀌게 되었다. 내가 지금 유독 녹슨 곰리의 인체 조각상을 낯설어하지 않고 유심히 살펴보며 관심을 가지게 되는 계기가 되었다. 내후강판에 슨 녹은 산화되어 사라지는 것이 아니었다. 철을 보호하고 더 단단하게 하는 것임을 알게 되었다.

오랫동안 나의 삶과 같이했던 싱거미싱이 있다. 필요로 했던 시절에는 관심 어린 손길로 늘 반질하게 닦아 광택이 났다. 기름칠만 해도 부드럽게 달달 돌아가며 주인이 원하는 옷을 만들었다. 세월이 지나 미싱이 멈추는 시기가 왔다. 긴 시간이 지나도록 사용하지 않으니 윤기를 잃은 채 붉은 녹이 슬어 골동품이 되었다. 인생도 사물도 세월 앞에 끼어드는 녹을 어쩌지 못한다. 그런 미싱이 지금은 화실에서 아들의 그림 정물 소재가 되어 또 다른 가치 있는 역할을 하고 있다. 디자인과 가위질로 미싱을 돌려 멋진 옷을 만들었던 나 역시 일선에서 물러나니 한갓지다 못해 무기력해졌다. 쇠에 슨 녹과 인생의 녹이 뭐가 다르랴 싶다.

사람에게 녹이란 삭아드는 것을 의미한다. 이음새 한 곳에도 녹이 슬면 헐거워지고 잘 돌지 않게 된다. 그렇듯이 일상에 낀 녹은 마음의 문을 닫을 수 있다. 가슴에 녹이 슬고, 영혼에 녹이 슬면 늙어가는 것이 아닌가. 이렇게 부정적인 녹일지라도 내후강판에 슨 녹처럼 고통을 견뎌내고 살아내면 생의 의미가 더욱 단단해지리라 본다.

미술관 정원에 녹슨 사내를 바라보고 섰다. 작가의 마음이 머물고 있는 장소에 그의 성찰을 담은 조각이 대신 서 있다. 시간과 자연이 어우러져 작가의 아픔을 고스란히 담아냈을 때 예술작품의 완성이 되는 것이다. 이글거렸던 수많은 기억이 온몸에 붉은 녹으로 슬어 있다. 묵묵히 서 있는 저 사내도 언젠가 한 번 큰소리로 울고 싶었을 게다. 잠깐의 여유로운 비상을 꿈꾸었는지도 모른다. 우리는 삶의 문턱에서 서성거리는 존재일지라도 한번은 다시 인내의 고통을 이겨내고 핏빛 같은 녹물을 머금으며 일어선다.

열정의 녹이 조각 작품 완성이었다.

겨울 단풍

고무나무 잎 하나가 색이 변해버렸다. 사철 내내 넓은 초록 잎으로 듬직하고 편안함을 주었다. 나무가 베란다에서 혹독한 겨울 냉기를 견뎌내기 힘들었나 보다. 노랗게 물들어가는 잎이 마치 생기를 잃은 얼굴처럼 창백하다.

불면증으로 뒤척이다 겨우 잠이 들었을 때다. 새벽 5시가 넘었을까. 전화벨이 울렸다. 세월의 더께가 더해지니 주위에 나이 드신 분들이 계신다. 그래서 늦은 밤이나 이른 새벽 전화벨 소리에 예민해진다. 불길한 예감은 언제나 틀리지 않는다. 아니나 다를까. 큰형님이 몸이 아파 오늘 서울 아들 집으로 간다고 한다. 이제 가면 마지막 길이 될지도 모르니 빨리 큰집으로 오라는 둘째 형님의 전화다. 순간 번개를 맞은 듯 멍해졌다. 내가 너무 무심했구나.

막 쑨 전복죽을 사서 식을세라 가슴에 꼭 품었다. 큰집으로 가는 내내 오만 가지 생각이 스쳐 간다. 만나지 못한 사이에 큰형님의 모습은 달라졌다. 마주한 얼굴에는 지나온 긴 세월의 된바람을 한꺼번에 맞은 듯하다. 핏기없는 얼굴은 깡마르고 창백하다. 저렇게 야윈 적은 없었다. 진작 서울 아들에게 알려 확실한 진료를 받아야 했었다. 오로지 하나뿐인 외아들에게 짐이 되지 않으려는 큰형님의 아들 사랑법이다. 나에게라도 아프다고 말씀하시지. 누구에게라도 폐를 끼치지 않으려는 큰형님의 곧은 성품이다. 틀림없이 가까운 동네 병원이나 약국에서 약을 사서 드셨을 테다. 혼자 힘든 고통을 견뎌내고 계셨을 게다. 벌써 둘째 형님과 셋째 형님 그리고 막내 시누님도 와 계신다. 모셔갈 질부도 서울에서 막 도착했다. 모두들 아무렇지도 않은 듯 즐거운 화제로 애써 분위기를 만든다.

어느덧 사방은 온통 어둠이 내려앉기 시작한다. 퇴근 시간이라 택시 잡기도 힘들다. 겨우 빈 택시를 세워 큰형님과 질부를 태웠다.

"회복해서 빨리 내려오세요! 형님!"

질부에게 최선의 간병을 당부도 해본다. 그런 내 말이 채 전해졌을까. 큰형님을 태운 택시는 이미 부산역을 향해 출발했다. 도로에는 밀려드는 차들이 서행을 하고 있다. 우두커니 서 있지만 내 눈길은 택시 후미등을 따라간다.

흔히들 백세시대라고 말한다. 그동안 큰형님은 혼자 사셔도 별 탈 없이 건강했다. 워낙 정신력도 있고 자신의 주장도 강했다. 이미 팔십을 훌쩍 넘긴 연세가 느껴지지 않을 정도로 젊어 보이고 건강했다. 큰형님이야말로 백세시대란 말이 딱 어울리는 분이라 여겼다. 다행히 늘 상쾌하신 둘째

형님이 가까이 계셔서 두 노인이 오가며 친구처럼 시간을 같이했다. 이웃들과도 잘 어울리며 혼자인 외로움을 잘 극복하는 듯 보였다. 그러나 아무리 건강해도 노인의 건강은 모른다고 했다. 큰형님을 두고 하는 말처럼 느껴진다.

만덕터널이 뚫리기 한참 전이었나. 그 시절 만덕은 부산시라고 하지만 도시를 벗어난 전통 산골 마을이었다. 술을 좋아하는 시아버님은 적당한 취기에 들 때면 며느리들에게 김해 김씨 시조인 수로왕의 후손임을 크게 강조하였다. 그런 시부모와 칠 남매의 맏며느리로 큰형님의 시집살이가 시작되었다. 천성이 무뚝뚝하니 시집 식구들에게 그리 살갑게 보일 리는 없을 듯싶었다. 훗날 아들 같은 막내 시동생과 인연으로 나도 김씨 집안의 막내 동서로 형님과의 끈이 이어졌다.

가족으로 엉켜 살다 보면 좋은 일과 궂은일도 겪게 마련이다. 서로에게 더러 섭섭하게 여겨지는 일들도 없지는 않았다. 나이 차가 있다 보니 막내 동서가 철없어 보였을 때도 적지 않았을 테다. 말이 없으니 무슨 생각을 하고 있는지 도무지 속짐작도 어려웠다. 이렇듯 생판 몰랐던 각성各姓들이 모여 친족으로 살아낸 시간 속에 깊은 정도 쌓여 갔다. 하지만 많았다고 느껴졌던 가족들도 더해지는 세월 앞에서는 어쩔 수 없나 보다. 뵈올 때마다 숨죽여야 했던 대단한 성품이라 여겨졌던 시숙님들도 세월 이기는 장사는 되지 못했다. 얼마 전 큰시누님도 돌아가셨다. 이제는 태어난 순서 없이 소중했던 인연들이 한 사람씩 떠나간다. 세상 어느 누구라도 자신의 생을 조절할 수 없을 테니까.

어떤 이별이든 기분 좋은 이별은 드물다. 사람이 살면서 겪을 수 있는 상황 중에 가장 힘겨운 일은 바로 사별이 아닐까 싶다. 이별이란 삶의 과정이고 순리라고 여겨지지만 가장 가까운 사람들과의 마지막 사별의 슬픔은 지독하다. 그 상실감이야말로 버텨내기가 어렵고 담담해지기도 힘들다.

오랜 세월 무리하게 부려 먹었던 몸이 여기저기서 아우성을 쳤다. 몸이 고통스러우니 마음까지 우울했다. 더한 것은 세상 밖으로 나서기가 싫어지고 사람 만나기가 꺼려졌다. 그렇게 몸과 마음이 아픈 동안 얼마간 형님을 찾아뵙지 못했던 터다.

"자네 얼굴이 와 그렇노?"

마주한 나를 되레 걱정하고 있다. 형님이 달라진 모습을 보는 순간 그동안 우울했던 마음이 훅 날아간다. 인제 와서 형님을 챙기지 못한 후회와 미안함에 어찌할 바를 몰랐다. 젖어 드는 눈길을 감추려 시선을 이리저리 돌릴 뿐.

깜빡이는 후미등 노란 불빛을 놓칠세라 내 눈길도 바쁘다. 밀려드는 차들 사이를 헤집으며 멈추기를 반복하던 차는 이내 사라졌다. 불빛 잃은 내 시선도 멈추고 말았다. 형님을 떠나보낸 그 자리에서 한 발짝도 뗄 수가 없다. 한참을 멍하니 서 있었다. 느리게 밀려가는 불빛들이 뿌옇게 흐려진다. 멀어져 가는 차의 후미등 불빛처럼 큰형님과의 이별도 가까워지고 있다. 더 이상 손을 쓸 수가 없다는 주치의 진료 상태를 전해왔다.

노랗게 물이 든 겨울 단풍잎에 자꾸만 시선이 간다. 이제 큰형님의 남은 생은 몇 날, 몇 달이나 될까. 긴 세월 함께했던 추억들이 있기에 나는 또 얼마나 그리움에 젖어 살까.

한 집안의 한 대가 서서히 저물어 가고 있다. 큰형님의 생이 덧없고 덧없다.

가파도에서 40.9 × 27.3 oil on canvas 2019

청록에 젖어 들다

신록이 좋다. 햇살에 되비친 잎사귀가 말갛다. 촉촉하게 습기 머금은 숲길을 걷는다. 눈에 들어오는 풍경마다 온통 푸르름을 펼쳐 낸다. 이번에 걸을 올레 12코스는 세 오름을 올라야 한다.

첫 오름 '녹담봉'을 오른다. 그리 높지 않은 산이라 가볍게 올랐다 내려오니 산 아래 작은 폐교가 있다. 짙은 초록이 울창한 숲속에 한적함이 깊이 배여 고요하기까지 하다. 좀처럼 사람 만나기가 힘들 것 같은 외진 폐교에는 한 도예가가 상주하고 있었다. 걷던 길을 잠깐 멈추고 그분의 도예 작업실을 둘러보았다. 반갑게 맞아주는 미소 띤 얼굴이 그리 낯설지 않다. 친근감이 느껴지고 말씀도 머뭇거림이 없다. 그분 역시 제주도가 좋아서 자주 여행을 왔던 차에 조용한 이곳을 발견하고 도시의 모든 것을 접었다 한다.

아들도 전부터 이런 창작 공간을 원했던 터다. 부러운 눈길로 여기저기 살펴보는 마음을 눈치라도 챘을까. 무심한 듯했지만 그냥 던져 보는 말이 아닌 듯싶다. 여기에 머물며 같이 그림을 그리잔다. 답답한 도시를 벗어나지 못하는 아들이 매우 안타깝다는 표정이다. 보기에도 그림에만 집중할 수 있는 마땅한 곳이라 여겨진다. 그러나 당장 정리할 수 없는 생활이 있으니 어찌하랴. 기회가 되면 다시 들르겠다는 인사를 남긴다. 가는 길 쪽 바닷가에 정갈한 식당이 있으니 꼭 식사를 하고 가란다. 아쉬워하는 아들의 마음을 어미인 내가 어이 짐작하지 못하랴. 아들은 아쉬운 표정으로 폐교가 멀어지는 내내 되돌아보기를 반복한다.

남편도 늘 원했었다. 훗날 여유가 주어지면 한적한 곳에 있는 폐교를 리모델링해서 오로지 그림 그리기에만 집중하고 싶다고 했다. 누구라도 원하는 삶을 살아 낼 수만 있다면 얼마나 좋을까. 자신만의 예술 공간을 가진 도예 작가님이 부러울 뿐이다.

두 번째 오름 '수월봉'으로 향한다. 한라산의 새끼들인 오름에는 백록담을 닮은 분화구가 있다. 도착한 수월봉 정상에는 분화구가 없었다. 설명에 의하면 바다 밑에 침식되어 있다. 수월봉은 침식되지 않은 오름의 아주 작은 일부분이란다. 물고기가 평화롭게 유영하고 있을 볼 수 없는 저 맑은 바닷속 분화구 풍경을 상상해 본다.

화산재가 겹겹이 쌓여 만들어진 수월봉 절벽 '쇄설층' 아랫길을 걸을 때다. 2km에 걸쳐 기묘한 지질 절벽이 형성되어 있다. 지표에는 세월에 깎아진 듯 노출된 내부 구조가 선명하게 드러나 있다. 일만 팔천 년 전쯤 지하에서 상승해 나온 마그마가 지하수를 만나 폭발하였다고 한다. 그때 뿜어져 나온 화산재들이 기왓장처럼 차곡차곡 쌓여 있다. 눈으로 보는 흔적만으로 얼마나 격렬하게 일어났는지를 짐작하게 한다. 대자연이 신기하게 빚어놓은 형상들.

야생화도 거친 절벽 지층 틈새에 뿌리를 내려 색색의 꽃을 피워낸다. 야생화의 억센 생명력이 또 나른 풍경이 된다. 모질게 살아 내는 야생화가 인간의 삶과 다를 바가 없어 보인다. 절벽 쇄설층은 어느 예술가라도 도저히 흉내 낼 수 없는 기이하고 거대한 예술작품이다. 어떻게 살아 내면 저 멋진 풍광으로 서 있을까. 얼마나 쓰고 지워야 한 줄의 문장이라도 남겨질까. 내 눈에 다가오는 기막힌 풍경 앞에 발길을 돌리지 못한다. 이번에는 내가 한참을 그렇게 바라보고 서 있다.

예리한 절벽은 용천수 약수로도 유명하다. 이곳 '엉알해안' 절벽 지층 사이에는 뚝뚝 떨어지는 물을 보게 된다. 여기에는 '녹고의 눈물'이라는 슬픈 남매의 전설이 있다. 새삼 눈에 보이는 풍경이 애틋하게 느껴진다.

> '옛날 수월이와 녹고 남매는 병든 어머니를 살리기 위해서 스님이 알려준 100가지 약초를 찾아 떠났다. 남매는 99가지 약초를 구했지만 마지막 한 가지 오갈피를 구하지 못했다. 그 오갈피가 수월봉 절벽에 있는 것을 발견하고 누나인 수월이가 절벽으로 내려가 약초를 캐는 동안 동생 녹고가 수월이의 꽉 잡고 있던 손을 그만 놓쳤다. 수월이는 절벽에 떨어져 죽고 녹고는 슬피 울다 바위가 되었다. 엉알길 지층 사이에서 흘러내리는 물이 마치 동생 녹고의 눈물처럼 보인다 하여 '녹고의 눈물'이라 불린다고 한다.'

그 오갈피나무가 거제도 옛 고향 집에 있었다. 봄이 접어드는 이맘때가 되면 순을 따서 살짝 데쳐 쌈을 싸서 먹었다. 생각만으로도 쌉싸래했던 맛이 입안에 침이 고인다. 추억은 세월을 더해가지만 어머니와 맛나게 먹었던 기억만은 세월이 갈수록 더 또렷해진다. 어머니도 고향 집에 머물고 계셨더라면 몸에 좋은 오갈피를 드셨을 테다. 그랬더라면 천년은 아니더라도 백수는 누렸을 텐데. 아직도 내 기억에 오갈피 연초록색은 그대로 남아 있건만, 청상의 내 어머니 회색빛 생은 생각만으로도 눈물이 난다.

세 번째 오름 '당산봉'을 오른다. 정상에 서니 그리운 사람 달려오듯 시원한 바람이 불어온다. 가슴에 지층처럼 쌓인 온갖 시름들을 단숨에 쓸어간다. 티끌 하나 남겨두지 않는다. 신비롭고 경이로운 하늘과 바다 빛에 빠져서일까. 세 오름을 올라도 피곤이 느껴지질 않는다.

정상에서 바라본 하늘과 바다에 온통 파란 물감을 뿌려놓은 듯하다. 옥색과 청색이라 딱 꼬집어 표현할 수 없는 신비한 색이다. 예전에는 무심하게 여겼던 파란색이 저리도 고운 색이었나 싶다. 눈부시게 다가온 저 푸른색에 젖어 들고 싶다. 지나온 나의 생도 맑고 청아한 그런 생이었으면 얼마나 좋았을까.

내 삶에 푸른 물감을 덧칠해줄 그런 사람이 있었다. 나를 통째 걸어도 후회할 수 없었던 사람. 지금쯤은 내 삶에 맑고 밝은 청록색으로만 채워줄 사람, 단 한 사람 있었건만. 어쩌다 미완성 그림 같은 생이 되고 말았다.

마지막 오름에 서니 오늘 걸었던 풍경들이 보인다. 폐교에 무성한 초록 향연, 엉알 지층에 색색이 피어 있는 야생화, 당산봉 정상에 펼쳐 내던 맑고 짙푸른 청색이 내 마음 깊이 물들었을까.

부산으로 돌아온 다음날이다. 짙푸른 청록색을 닮은 머플러를 찾아 헤맸다. 흑백에 익숙했던 내가.

festival 60.6 × 40.9 oil on canvas 2019_김성규

그리움에 꽃이 핀다

누구라도 마음속에 돌아가고 싶은 고향을 품고 산다. 태어난 곳은 아니지만 나에게도 늘 가슴에 품고 사는 그리움 같은 곳이 있다. 문장을 이어 가려면 쉼표가 필요하듯, 번잡한 삶을 살아 내는 일상에도 휴식은 있어야 한다. 그럴 때는 꼭 찾아가고 싶어지는 곳이 제주도 올레길이다.

올레길에는 경이로운 풍광들이 셀 수 없는 세월을 지켜내고 있다. 정방폭포, 주상절리, 쇠소깍, 안덕계곡, 그리고 해돋이가 유명한 성산 일출봉 등이다. 발길 닿는 곳마다 인간이 가늠할 수 없는 자연이 빚어낸 형상과 그것들이 품고 있는 전설 또한 여행자에게 감동과 신비로움을 일게 한다. 척박한 땅에서 끈질기게 살아낸 제주 사람들의 삶의 무늬가 많은 흔적으로 남아 있다. 이번에는 서귀포 표선해수욕장 출발점에서 올레 4코스 시작 첫발을 떼었다.

그동안은 화산섬에서만 볼 수 있는 특이한 풍경과 에메랄드빛 바다를 원 없이 보았다. 제주 올레길이 주는 큰 매력이다. 하지만 오월의 올레길은 다르다. 전에는 작은 풀꽃에 무심했는데, 오늘따라 유독 해풍에 흔들리는 고운 풀꽃들이 눈길을 잡으며 발걸음을 더디게 한다.

누가 봐도 하얀 꽃밭이다. 파보면 감자가 주렁주렁 달려 나올 것 같은 초록 밭에 흰 눈이 소복하게 내려앉은 듯하다. 하늘빛과 진분홍색 수국도 몽실몽실 꽃을 피워 자태를 뽐내고 있다. 보라색 갯무꽃과, 흰 찔레, 돌담 위에 싱싱한 줄기를 뻗은 분홍 송국도 활짝 피었다. 파란 하늘과 바다가 한데 어우러져 한낮 햇살 받은 꽃길이 바로 천상의 화원이라 여겨진다.

한라산이 아득히 보이는 낮은 언덕 좁은 풀숲 길을 지날 때다. 바람에 꽃잎이 흔들리니 인동초의 은은한 향기가 코끝으로 밀려든다. 마치 인동초가 서귀포의 꽃인 양 올레길 어디서나 세력은 대단하다. 거친 현무암 돌밭 사이나 깎아지른 벼랑길의 척박한 곳이라도 주저하거나 탓하지 않는다. 바위틈에 뿌리를 내려 희고 노르스름한 꽃을 흐드러지게 피워낸다. 게으름 한 번 피울 만도 한데 부지런히 숲을 채우며 제주의 모진 겨울 칼바람도 견뎌 낸다. 저 꽃의 시련을 누가 짐작이나 할까. 인고의 세월을 청초한 자태로 피워 내었다. 그러고 보니 긴 세월 돌을 쌓아 밭담을 만들고 차오르는 숨을 참아가며 생을 건져 올리는 서귀포 해녀들의 질긴 삶을 닮았는지 감동은 더한다. 세상살이 힘들어했던 지난날들이 한없이 부끄럽게 여겨진다.

오월, 신흥리 밀감밭에는 이미 진한 초록 열매를 조롱조롱 달고 있다. 그런데 그늘진 곳에 때늦은 하얀 밀감꽃이 피어 있다. 그리웠던 향기에 이

끌려 다가선다. 옛 고향 집에는 아버지가 심었다는 유자나무가 있었다. 하얀 꽃을 피울 때면 지나가던 마을 사람들이 은은한 유자 향에 취하기도 했다. 아버지는 떠나고 나무는 자라서 고목이 되었다. 이곳 신흥리 밀감 꽃과 향이 내 고향 집 유자와 똑 닮았다. 유일하게 남겨준 아버지의 내음이다.

꽃을 좋아했던 큰아버지는 마을마다 온통 꽃길을 만들었다. 봄이 되면 손에는 농기구보다 언제나 꽃삽이 들려 있었다. 길섶마다 코스모스, 국화, 해바라기를 심었다. 엉뚱한 큰아버지를 이해하지 못했던 동네 사람들이지만 가을이면 온 마을 사람들이 꽃길을 걸었다. 지금 생각해보면 큰아버지는 먹고살아야 하는 중요한 농사일을 제쳐두고 꽃 사랑에 빠져 살았다. 큰집에는 그 시절에 보기 힘든 꽃들이 계절마다 차례로 피어났다.

어릴 때는 나도 큰아버지의 꽃이 되고 싶었다. 그러나 아버지를 일찍 여읜 어린 조카에게 별 관심이 없는 듯했다. 큰아버지에게서 기억할 수 없는 아버지의 모습을 그려보기도 했다. 사는 동안 때로는 자기가 좋아하는 것에 푹 빠지게 된다. 그것이 생의 수단이 되거나 각박한 삶에 여유를 느끼려는 취미생활이 되기도 한다. 더구나 예술가라면 다른 것에 별 관심을 두지 않는다는 것을 나이가 든 한참 후에야 알게 되었다. 어린 마음에 큰아버지에 대해 섭섭함이 이해되면서 꽃길을 만들었던 큰아버지의 대단했던 꽃 사랑만 기억으로 남아 있다.

나도 잠시 꽃이 되었던 적은 있었다. 막 결혼했을 때다. 시아버님은 술을 드실 때면 나를 곁에 앉히고 한 마디를 꺼내셨다. 나는 그 말을 기억에서 영원히 지울 수가 없다.

"며느리가 넷이지만 그중에 우리 막둥 며느리는 내 꽃 며느린 기라."

꽃 며느리는 손에 물을 묻히는 설거지를 해서는 안 된다고 했다. 꽃 며느리는 아버님 곁에 가만히 앉아만 있어야 한다. 그때 이미 칠순을 훌쩍 넘어 아무 능력이 없어 당신의 꽃 며느리에게 물질적 호강을 시켜주지 못함을 안타까워했다. 무기력한 늙음을 탓하기를 여러 차례였다. 열린 문밖에서 둘째 형님이 빨리 부엌으로 나오라는 눈짓을 보냈지만 곁에만 있으라는 아버님의 말씀에 난감하기도 했다.

아버지 사랑을 모르고 자랐다. 막내며느리를 꽃이라 불러주던 시아버님의 사랑이 마냥 좋았다. 처음으로 느껴보는 그 행복도 그리 오래가지는 못했다. 나는 참 아버지 복은 받지 못하고 태어났나 보다. 한 일 년쯤 지났을까. 거기까지만이었다.

구불구불 꽃길이 숨었다 나타나기를 반복한다. 꽃길에는 기이한 천혜의 풍광이 더해진다. 그냥 이대로 대자연 속에 눌러앉고 싶은 욕망이 가슴을 헤집고 나온다. 수더분하게 핀 하얀 개망초도 눈맞춤하면 마음이 환해진다. 현실에 얽매여 살 때는 느긋하게 꽃을 바라볼 여유조차 없었다. 감성이 무뎌지니 꽃 한 송이 선물해주지 않았던 남편도 그리 섭섭하지 않았다.

그런데 제주 올레길을 걸으면서 무뎌졌던 감성이 살아난다. 파도가 끝없이 밀려와 하얀 물꽃을 피워낸다. 떠난 이들의 추억도 마음에 일렁이니 그리움에 꽃이 핀다. 세상을 사는 동안 원하는 모든 것이 다 주어지는 그런 삶을 산다면 얼마나 좋았을까.

꽃길에서 단꿈을 꾸고 나니 어느새 일상으로 돌아갈 힘이 솟는다. 너무 애쓰지 않아도 된다는 위로도 받았다. 오늘 하루는 제주 올레길에서 풀꽃으로 웃었다.

아귀

모양새로 치자면 이보다 못생긴 물고기가 있을까 싶다. 옛날이나 지금도 겉보기로 평가를 받는 경우가 허다하다. 입과 머리가 크고 모양이 험상궂게 생겨 생선 취급도 못 받았다. 오죽하면 바다의 추남, 외계인, 바다의 악마 등 온갖 못난 별명은 다 갖고 있을까. 어부들이 하찮게 여긴 천덕꾸러기 어종이었다. 불교에서는 욕심 많은 사람이 사후에 떨어져 된다는 귀신에게 아귀라는 이름이 붙여졌다. 아귀 입장에서 보면 억울하기 이를 데가 없다.

하지만 맛은 흉측한 모습과는 완전히 다르다. 아삭한 콩나물과 싱그러운 미나리 향을 곁들여 매콤하게 만들어진 아귀찜이다. 누구라도 한번 맛보게 되면 입안에 감겨오는 감칠맛에 다시 먹고 싶을 것이다. 별 양념을 넣지 않고 미나리 숭덩 썰어 넣은 맑은 탕도 속을 시원하고 개운하게 한다. 입맛을 같이하는 까다로울 것 없는 친구들과 어울려 먹기에는 아귀찜만 한 음식도 없을 듯싶다. 무엇보다 푸짐하게 담겨 나오는 넉넉함에 식욕은 늘고 덩달아 기분까지 좋아진다. 막걸리 한 잔과 더불어 먹는 맛이야말로 둘도 없는 최고의 요리라 여긴다.

어느 텔레비전 프로그램에서 아귀가 건강에 특별하다는 방송을 했다. 성인병을 예방하고 콜라겐이 풍부하여 노화 방지, 치아 건강과 시력이 좋아지게 도움을 준다는 것이다. 늘씬한 몸매와 탱탱한 피부를 원하는 예민해진 여자들의 욕망을 부추긴다. 쫀득한 식감에 질리지 않는 맛에 반하게 되면 몸매와 상관없이 아귀찜 맛에 빠져들게 된다. 그러니 요즘 귀하디귀한 대접을 받는 어종으로 신분 상승을 하였다.

바다가 삶의 터전인 섬에서 태어났다. 알고 보니 도시에서는 아귀라 부르지만 고향 사람들은 오래전부터 유난히 입이 큰 생선이라 해서 아구라 불렀다. 어린 시절 언니와 다투게 되면 언니는 입 큰 아구라 놀리며 나를 울렸다. 그때부터 여자는 자고로 입이 작아야 예쁜 것으로 알았다. 오죽하면 미인을 칭할 때 제일 먼저 앵두 같은 입술이라 말을 할까. 나는 예쁜 축에도 낄 수 없는 입이 큰 아이로 성장하면서 여자라면 당연해야 하는 미모에는 별 관심을 두지 않았다.

오래전 남편의 화실에 들렀다. 웬일인지 그는 내 초상화를 그리고 있었다. 실제 나를 모델로 세우고 그리는 것이 아니라 그동안 자신의 눈과 마음에 담아놓은 내 모습을 그리고 있었다. 평소에는 속내를 털어내지 않는 그가 그날 캔버스에 스케치해놓은 얼굴에 막 붓으로 물감을 덧칠하며 들려준 말을 잊지 못한다. 처음 나를 마주한 날 가지런한 이를 살짝 드러내며 짓는 미소에 눈을 뗄 수가 없었다고 했다. 그런 이유였던가, 처음 본 날 그의 얼굴에는 내내 잔잔한 미소가 떠나질 않았다. 그리고 성형외과 의사들도 기본으로 데생 공부를 해야 한다는 논리까지 펼쳐내었다. 정확하게 데생을 익히게 되면 얼굴 한 부분을 너무 과하지 않고 자연스럽게 균형이 잡힌 조화로운 성형 미인을 만들 것이라고도 했다.

남녀가 사랑에 빠지게 되면 남에게는 약점으로 보이는 것도 매력으로 보게 된다. 그런 사람을 빗대어 제 눈에 안경이라 말하기도 하고 눈에 콩깍지가 씌었다고 한다. 두 눈을 똑바로 뜨고 봐도 정확한 판단은 어렵다. 그가 입 큰 내 약점까지 매력으로 보았다는 것인지. 만약 남편의 눈에 콩깍지가 씌어 물불을 못 가리는 상태였다 해도 한결같았던 태도를 보면 그의 말에 진정한 진심이 느껴지기는 했다.

남편은 정확한 데생으로 독특한 인물화를 그려낸다는 평을 받았다. 과묵해서 절대로 허투루 말을 하는 사람도 아니었다. 진심으로 그가 내 미소에 마음이 끌렸다고 했었다. 집으로 돌아와서 거울 앞에 섰다. 어색하지 않게 살짝 미소를 지어봤다. 하얀 아래윗니가 가지런하다. 그러고 보니 거울 속 내 입은 언니가 말했던 못생긴 아구 입이 아니었다. 약간의 사각턱인 내 얼굴에 딱 어울리는 크기로 미소를 짓고 있다. 만약 내가 원했던 앵두같이 작은 입이었다면 아마 나는 입은 작고 턱이 넓적한 가오리 얼굴이 되었을 것이다. 그랬다면 언니는 틀림없이 넙덕이 가오리라고 놀렸을 테고 남편은 처음 나를 보았을 때 가지런한 이를 살짝 드러내며 짓는 미소를 보지는 못했을 것이다.

홍조를 띤 미인 같은 예쁜 도미나, 날씬하게 쭉 빠진 민어와 노르스름하게 살이 통통한 조기는 제사상에 오르기도 하고 늘 귀한 대접을 받는다. 일품으로 치는 조기는 명절 때마다 백화점에서 비싼 값으로 한순간에 매진된다고 한다. 이 생선들은 잘생기기도 하지만 맛 또한 좋아서 인정받는 고급 생선이다. 사람들은 그런 이유 때문인지 너 귀하게 여긴다. 아귀도 한때는 작은 물고기들을 공포로 떨게 했던 바다의 포식자로 군림했다. 어쩌다 어부의 그물에 걸려 와서 사람들에게 어느 한 부분도 버릴 게 없는 부드럽고 쫀득한 식감으로 순순히 한 몸을 바친다.

잘 차려입은 사람이 시선을 끌듯 음식도 그렇다. 모양을 내어 깔끔하고 고급스럽게 담아내는 음식은 보기에도 좋다. 그러나 화려한 음식은 낯설고 입안에서 편안하지를 않다. 만약 아귀찜도 적은 양으로 고급스러운 티를 내었다면 내 식욕은 분명히 떨어졌을 것이다. 푸짐하고 맛깔스럽게 담아낸 음식 앞에 무너지는 내 식성이다.

오래 사귀다 보면 겉과 달리 은근하게 느껴지는 사람이 있다. 그런 인연이라면 초겨울 바람 소리가 가슴 안으로 시리게 스며드는 날, 마음마저 넉넉하게 채워주는 입맛 당기는 아귀찜을 앞에 두고 싶다.

고불암 무량수전

여기까지다. 이쯤에서 작별해야 한다. 예상치 못한 상황이라 마음을 더 허허롭게 한다. 망자와 애틋한 마지막 이별까지도 가로막는다. 도량에 울려 퍼지던 목탁 소리 염불 소리마저 멈추었다.

한 시간 반쯤 지났을까. 팔십 년 긴 세월을 살아낸 큰형님은 몇 줌의 재가 되어 작은 나무상자에 담겨 나왔다. 사람의 한 생이 나무상자 하나뿐이다. 허탈하다. 오랜 세월 외아들과 함께하지 못한 애틋한 마음은 내색하지 않았다. 그런 형님이 오늘은 아들 품에 꼭 안겨 영구차에 오른다.

'나이가 들어갈수록 딸 있는 사람이 너무 부럽다'고 하던 말이 떠오른다. 형님은 자신이 쓸쓸히 떠나갈 마지막 날에 꽃상여 부여잡고 애달프게 울어줄 딸이 없는 장례식을 상상했을까. 그때는 형님의 허전한 마음을 헤아리지 못했다. 산사로 향하는 버스 안은 곡소리도 없다. 차오르는 슬픔은 목 아래로 꾹꾹 눌러 앉힌 듯 달리는 버스 안은 침묵만 흐른다.

조선 8경 국립공원 가야산이다. 오래전부터 고승들이 걸었을 이 길을 영구차가 가고 있다. 굽이치는 홍류동 계곡 길에 접어들면서 차바퀴도 느릿하게 굴러간다. 차창 너머 펼쳐지는 산자락이 장엄하다. 계곡에는 티 없이 맑은 물이 기암괴석에 부딪히며 미친 듯 쏟아져 내린다. 늦겨울. 잎 털어 낸 단풍나무, 상수리나무 잔가지가 초록 노송과 어우러지니 영락없이 신선들이 놀았을 선경이다. 다가가지 않아도 산새 소리 청아한 물소리에 마음이 평온해진다. 구불구불 해인사로 가는 이 길이 바로 극락세계로 가는 길인 듯싶다.

'해인사 고불암 무량수전 봉안당'이 큰형님이 정해놓은 영혼의 안식처다. 오래전 내게 들려준 말이다. 한날 불자들이 어느 절에서 제공하는 관광버스를 타고 해인사에 갔단다. 가야산 자락에 위치한 산세 좋고 물 좋은 그곳이 너무 좋아 영원히 머물고 싶었다고 했다. 그날 바로 형님은 자신의 훗날 영면 후 영원한 안식처로 결정하였다. 그때는 가까운 곳에 계실 일이지 너무 먼 곳이라고 생각했다. 형님이 흡족하게 여기니 아무 말도 못 했다. 그런데 해인사 입구에서 바라보는 산세에 내 마음이 달라졌다. 오죽하면 초대 주한 프랑스 대사 로제샹바르도 자신이 죽으면 한국의 합천 해인사 홍류계곡에 뿌려 달라는 유언을 남겼을까 싶다. 프랑스 대사나 큰형님의 감동은 같았나 보다.

경이로운 세상이 여기에 있었구나 여겨진다. 봄이면 꽃으로 가을이면 붉은 단풍이 물들 것이고 겨울이면 흰 눈이 산사山寺를 덮을 것이다. 계절마다 신비하고 아름다운 풍광을 보여주는 이런 곳이라면 산 자나 죽은 자가 원하는 별천지가 아니던가. 내 눈으로 직접 보니 확고했던 큰형님의 마음이 느껴진다.

버스가 해인사 일주문으로 다가가려는 순간이다. 슬픈 생각을 멈추게 하는 일이 생겼다. 경찰들과 지역 산림청 담당자들로 보이는 분들이 정문에 웅성거린다. 해인사 입구에는 이미 몇 겹으로 바리케이드가 설치되어 있다. 스님들까지 합세해서 해인사 출입자들과 차량을 통제한다. 등산로까지 출입제한이다. 천천히 영구차가 다가가니 경찰 몇 분이 정지시킨다. 오늘 해인사 바로 아랫동네에 코로나 확진 환자가 발생했단다. '고불암 무량수전'은 해인사 암자 중에서도 맨 위쪽에 위치한 곳이라 한참을 차를 타고 가야 도착한다. 고불암에서 유해를 모실 분이 차를 타고 내려오면 대표 상주만 내려서 유골함만 전하고 가란다. 아무도 차 안에서 일체 내리지 말라는 부탁 말이 경고음처럼 들린다.

코로나바이러스는 지독하다. 누구도 형님의 안식처까지는 갈 수가 없다. 여기서 보내드려야 한다. 어이없는 상황이 당혹스럽다. 한참을 기다리니 형님을 모셔갈 봉고차가 해인사 정문에 도착했다. 상주인 조카가 영구차에서 내려 유골함을 전하고 있다. 큰형님이 평생을 부처님께 무탈을 빌고 또 빌었던 외아들과의 안타깝고 슬픈 이별 장면이다. 아무도 같이하지 못하니 떨어진 차 안에서 마지막 광경을 바라볼 뿐이다. 큰형님은 살아서 혼자더니 마지막 길도 홀로 가야 한다.

해인사는 보기에도 명당으로 여겨진다. 톱날같이 이어진 암봉들이 마치 병풍을 친 듯 해인사를 감싸고 있다. 해인사는 사명대사가 말년을 보냈고 성철 스님이 수련했다는 절이다. 더구나 우리나라 3대 사찰 중 하나로 부처님 말씀을 기록한 팔만대장경을 봉안한 법보종찰이 아닌가. 사계절이 아름다운 이런 곳이라면 불교 신자인 큰형님의 영혼이 영면하기에 이만한 곳이 또 있을까 싶다. 중생의 번뇌와 망상도 여기서 멈출 것이다. 형님의 안식처가 바로 무릉도원이다. 먼 곳에 모신다는 마음이 절로 사라지게 한다. 바라보는 풍경만으로도 마음이 신선해지고 편안해진다. 큰형님을 태운 봉고차가 천천히 방향을 돌리고 있다. 홀로 보내는 아쉬운 마음을 뒤로 하고 차는 순간 짐작할 수 없는 곳으로 사라졌다.

이른 아침부터 서둘러서이다. 어차피 살아있는 사람이라면 허기진 배를 채워야 한다. 코로나로 인해 해인사 인근 식당들은 모두 문을 닫았다. 버스 기사가 문을 연 한 식당 앞에 차를 세웠다. 희한했다. 방금 형님과의 이별로 많이도 슬펐는데 뜨끈한 육개장이 목으로 넘어간다. 이래서 죽은 사람과 먹어야 하는 산목숨의 차이인가 보다. 허기진 배는 육개장으로 채웠건만 허기진 마음은 무엇으로 채워야 하나. 형님만 내려놓은 영구차는 아무 일 없었던 듯 부산으로 향한다.

차가 부산 톨게이트를 통과할 즘이다. 장조카 폰으로 카톡이 왔다. 고불암 무량수전 봉안당에 모신 형님의 영정사진과 제를 올리는 스님의 동영상도 함께 보내왔다. 정성을 다하여 잘 모셨으니 상주님 걱정하지 말라는 문자다. 다음 편안해지는 날이 오면 그때 다녀가란다. 형님과의 마지막 이별은 그렇게 유별했다.

차내에는 스님의 카랑하고 맑은 염불 소리가 이어진다. 이제 육신과 생의 부스러기까지 모두 털어버린 큰형님은 고불암 무량수전에서 편안한 영면에 들 것이다. 큰형님의 극락왕생을 빌어 본다.

그림 속의 남포등

오랫동안 찾지 않았던 작업실 문을 연다. 많은 시간을 마주했던 높이가 다른 네 개의 이젤이 지게처럼 서 있다. 그림을 완성하지 못한 캔버스들도 여기저기 벽에 기대어 있다. 그림 소재가 되었던 골동품들마저 주인의 붓질을 그리워하고 있는 듯 변함없이 제자리에 놓여 있다. 모든 것이 그가 놓아둔 그대로이다. 오늘도 뿌연 먼지를 쓰고 지루한 시간을 견뎌낸다.

주인 잃은 화실 안은 온기마저 사라진 지도 오래다. 화실이 삭막하고 낯설다. 밤낮 붓질로 뜨겁게 불태우던 화가의 열정도, 캔버스에 그림이 완성되면 만족한 얼굴로 담아내던 미소도 더는 볼 수 없다. 즐겨 들었던 음악도 멈춘 지 오래다. 화실 가득 채웠던 원두커피의 부드러웠던 향도 이제는 기억에 머물러 있을 뿐이다.

생전에 그가 걸어둔 백 호짜리 정물 그림에 눈길이 향한다. 그림 속 하얀 소국과 짚으로 엮어 만들어진 오래된 망태기에는 잘 익은 붉은 석류가 한가득하다. 농익어 쩍 갈라진 석류 속 붉은 알이 루비보다 더 영롱한 보석처럼 박혀 있다. 몇 개의 석류가 탁자 위에 뒹굴고 옛 무쇠 화덕과 남포등도 조화롭게 그려져 있는 정물화다. 그림은 변함이 없다. 화가는 갔지만 그의 예술혼은 살아 있다.

그는 틈이 날 때마다 단골 골동품 매장에 자주 들락거렸다. 오래된 물건 중에 그림의 소재가 될 만한 것을 구매했다. 사들인 골동품들은 언젠가는 작품으로 완성된다. 낡은 것에 또 다른 예술의 가치를 부여하는 것을 즐겨 했다. 그림 그리기를 좋아하는 만큼 그림의 소재도 귀하게 여겼다. 그려진 그림들은 전시장에서 많은 사람의 눈길을 잡으면 그림 소재로 가치를 더하게 된다.

남포등 앞에 발을 멈춘다. 화실에는 여러 종류 골동품이 많지만 그는 유난히 남포등에 관심을 주었다. 호롱불보다 더 밝은 등에 희망을 품었던 것일까. 그림의 구성으로 보아도 정물 중심에는 늘 남포등이 그려져 있다. 그가 구매한 종류의 등은 빨강, 파랑, 노랑, 검정, 초록 등 색도 모양도 다양하다. 여덟 개의 남포등이 평소 것처럼 나무 반단이 위에 나란히 두 줄로 세워졌다. 생전의 손길 그대로이다. 그는 뿌듯한 눈길로 남포등을 바라보며 좋아했다. 정성스럽게 기름으로 닦아주기도 했다. 그 남포등이 부분마다 녹슬어 제 색마저 잃어가고 있다.

전기 혜택을 받지 못했던 시절 어촌에는 호야등이라 불렀다. 동네에서 그래도 좀 산다는 집에만 사용했던 아주 멋진 고급 등이었다. 남포등 불빛이면 온 세상이 밝은 기분이었고, 궁색했던 시절에도 내일을 위한 희망의

Heavy rain 2017

등이었다. 철제품에 유리제로 등 씌우개를 끼워 집안이나 바깥 어느 곳에서도 사용할 수 있다. 들고 다닐 수 있도록 손잡이가 있어 편리했다. 심지를 올리면 시커멓게 그을음이 생기고 기름도 많이 먹었지만 불은 더 밝았다. 전국에 전기가 보급되면서 남포등은 역할이 없어졌다. 더는 사용하지 못하게 되어 자취를 감추더니 이제는 박물관이나 골동품 상회에서 찾을 수 있지 싶다. 나는 그의 그림 속에서만 볼 수 있다.

아버지는 큰 어장을 관리하는 선주였다. 고기를 잡는 어선도 여러 척을 소유하였다. 밤바다에 그물을 치는 어선에는 남포등을 많이 달아서 고기들이 환한 불빛을 보고 몰려오게 한다. 어두운 바닷길을 밝혀주는 어부들의 길잡이기도 하다. 지금은 바다나 육지에서 전기 혜택으로 편리해졌지만 오래전 남포등은 어부들에게는 생명의 빛이 되고 희망의 빛이었다. 남포등이 아버지의 뱃길을 환하게 밝혀주었던 등이었다면, 화가에게 남포등불은 또 다른 예술세계로 이끌어주는 혼의 빛이기도 했다.

그림을 그리는 것이 그 사람의 전부였다. 현실에서 어떤 어려움이 주어진다고 해도 그림에 대한 포기는 없었다. 모든 가정생활은 내 몫이었지만 그의 타고난 재능과 예술성을 내조하는 보람으로 살아내었다. 그는 그런 열정이 있어 결국 그만의 예술세계를 이루어 내었다. 더 여유가 주어지면 가족 스케치 여행을 떠나자던 그의 말도 사라지지 않는 이명처럼 아직도 귓전에서 맴도는데, 그는 단풍 진 은행잎이 떨어지는 날 남포등 불빛처럼 사그라지고 말았다.

세월에 밀려 제 기능을 상실해 버린 것들이 어찌 남포등뿐이랴. 강한 무쇠가 녹슬고 삭아 부스러지는 것처럼, 사람의 생 역시 마찬가지다. 하루도 붓질을 멈추지 않았던 그는 천년이고 만년이고 그림만 그리고 살 것 같았다. 그런데 화실에서는 끝없이 붓질해대던 그의 움직임은 볼 수 없다. 오로지 그의 움직임의 기억들로 되새김되어 아련해질 뿐이다.

그의 손으로 그려진 그림은 여전하다. 다시 태어나도 그림을 그리겠다던 그였다. 사랑했던 사람과 소중하게 여겼던 모든 것들을 그대로 남겨둔 채다. 사람에게는 각자의 모양대로 삶의 고통이 주어진다. 아무도 이해하지 못할 평범하지 못했던 그와 나의 삶이었다. 화실에는 남포등이 그려진 그림 속에 그 사람, 그 사랑, 그의 예술세계가 표현되어 있다.

여덟 개의 남포등이 밝혀진다. 순간 환하게 밝아진 화실이 따뜻하고 포근하다. 그림 속 남포등도 불빛을 드러낸다. 그는 무심하지 않았다. 헛헛하게 서성이는 나를 그가 다독인다. 슬프지도 외롭지도 말라 한다. 남포등은 내 곁에서 영원히 꺼지지 않는 그 사람의 예술의 혼으로 남아 있을 것이다.

그의 작업실 문을 닫고 조용히 발길을 돌리려는 순간이다. 조심해서 가라는 목소리가 들린다. 반가운 목소리에 고개를 되돌린다. 빈방에 남은 그림 속 남포등 불빛이 흔들린다. 불빛이 참 곱다.

유우당 작은아씨

초대형 태풍 '솔릭'이 전국을 바짝 긴장시켰다. 하지만 그런 어마한 태풍도 이산가족 상봉 앞에서는 힘을 잃고 만다. 이별의 한풀이로서 이산가족 신청에는 유명 인사 가족이 많았다며 요절한 저항시인 이병각 딸의 자매 상봉을 알렸다. 아나운서의 멘트에 집안일을 멈추고 티브이 화면으로 시선을 돌렸다.

지난봄, 영양군을 찾았다. 영양 고추로 맛깔스러운 음식을 만들어 먹으면서도 생산지인 영양군에는 한 번도 가보지 못했던 터다. 부산을 거쳐 간 봄이 경북 영양에서 한창 꽃을 피우고 있을 무렵 도착한 두들마을은 재령 이씨 집성촌이다. 이곳 한옥들은 본모습 그대로 잘 관리되고 있어 조선시대를 되돌려 놓은 착각을 준다. 오래된 고택들이 주변 풍경과 조화를 이루고 있다.

두들마을은 퇴계 학문이 계승되어온 문향이다. 예부터 시인과 소설가들이 많이 태어났다. 한국을 대표하는 문인과 독립열사와 선비의 정신이 눈길 닿은 곳마다 느낄 수 있었다. 소설가 이문열 선생의 고향이기도 하고, 조선시대 경상도 양반가의 음식 조리법을 한글로 자세하게 기록한《음식디미방》을 남긴 장계향도 유명하다.

석간고택 옆으로 전통가옥 '유우당'이 마음을 끌어당긴다. 청포도 시인 독립운동가 이육사의 절친이기도 한 항일시인 이병각의 생가이다. 선비정신과 문향이 고스란히 묻어있는 유우당에는 서른하나의 생을 마감한 이병각 시인의 의기로 충만하다.

이병각 시인의 막내 따님이신 L선생님은 나와 같은 문학 모임 회원이다. 늦은 연세에 국문학을 전공한 수필가로서 감동적이고 개성적인 글을 담아내는 분이시다. 얼굴에는 항상 잔잔한 미소가 가득 넘친다. 언젠가 수필 문학 하계세미나에 갔을 때 여름에 시원하게 입으라고 직접 바느질한 연한 오렌지 민소매 블라우스를 특별하게 챙겨주셨다. 야무진 솜씨와 정성으로 만든 귀하고 과분한 선물이었다. 여름만 되면 선생님의 정성 어린 손끝으로 만든 옷을 고맙게 입는다.

어린 자식과 가정을 지켜내야 하는 일은 오롯이 독립운동가의 아내 몫이었다. 선생님의 친정어머니는 젊은 나이에 안타깝게 떠난 남편에 대한 그리움을 바느질로 새겼나 보다. 선생님은 솜씨 좋은 어머니 곁에서 바느질을 놀이처럼 하며 어린 시절을 보냈다. 친척 어른들의 칭찬도 많이 받았을 만큼 만들어내는 솜씨가 예사롭지 않았다. 한 번쯤은 싫증도 나련만 자투리 천을 이어 붙여 조각보를 만드는 재미에 푹 빠졌다고 한다.

결혼 후에는 솜씨를 살려야 하는 계기를 맞이했다. '전통 수공예품'을 만들어 그 수입으로 생활하는 직업인으로 살았다. 역시 피는 못 속인다는 말처럼 선생님은 부모님 두 분으로부터 바느질과 문학의 재능을 함께 물려받은 모양이다.

살다 보면 누구에게라도 삶의 고통은 있기 마련이다. 선생님은 그 애환을 바느질에 비유했다. '집착과 욕심은 뜨거운 다리미로 눌려주고, 도사리고 있는 아집과 독선은 날 선 가위로 잘라내고, 차오르는 분노는 터져 나오지 않게 꼭꼭 박음질을 한다' 했다. 현대의 유행만을 좇아가는 바느질을 했던 나와 달리, 전통 수공예품의 맥을 잇는 선생님만이 지닐 수 있는 바느질 미학이다.

찾아간 그날, 이병각 시인이 선생님의 선친이라는 사실을 알았다. 독립운동을 하다 옥고를 치르셨던 훌륭하고 대단하신 분이시다. 그런 아버지를 자랑스러워할 만도 하건만 선생님은 늘 인자하신 미소만 짓고 있을 뿐 내색이 없었다. 역시 기품 있는 후손이라 인품마저 다르구나 느껴졌다.

선생님이 세 살 때였다. 매달리는 막내딸에게 서울에 갔다 오마고 달래놓고 떠났다 한다. 마치 영화 속의 한 장면처럼 유일하게 남겨진 아버지의 모습이라 하셨다. 친정집 유우당에는 어느 한 곳에서도 아버지를 기억할 만한 공간이 없다고 한다. 세 살에 겪었던 이별과 단 하나의 기억은 아버지의 존재를 늘 낯설게 만들었을 것이다. 옛 아픔을 고스란히 간직하고 있는 선생님의 집 유우당은 '경북문화재자료 제285호'로 지정되어 관리하고 있다.

부산 문인들이 유우당을 찾아간다는 소식을 듣고 선생님은 하루 전에 도착해서 청소를 했다고 한다. 대청마루에 선 선생님의 모습에 가슴이 아린다. 오래전 유우당의 작은아씨로 되돌아가 서울에서 돌아올 아버지를 기다리며 고갯마루에 눈길을 떼지 못하고 계신 듯하다.

방금 구순 북쪽 언니와 애틋한 만남이 화면에서 펼쳐지고 있다. 어린 시절 헤어져 긴 세월을 넘긴 고령에 다다른 자매다. 살아 있으면 언젠가는 만나게 된다는 말을 현실에서 실감하지만 그 만남이 선생님의 그리움을 충족시켜준다는 것은 아니다. 백발 자매는 곧 기약 없는 이별을 할 것이다. 다시 북의 언니는 남쪽의 동생을, 남쪽 동생은 북의 언니를 그리워하며 살아야 한다. 선생님은 그립고 안타까움을 꼭꼭 박음질로 새길 것이지만 젖어 드는 시력으로 손끝도 순간순간 멈출 것만 같다.

나도 모르게 일어나 장롱을 연다. 선생님이 주신 오렌지 민소매 블라우스가 곱게 접혀 있다. 수없이 기운 솔기의 실땀마다 아버지와 언니를 그리워하던 선생님의 눈매가 어려 있는 듯하다.

남매 80.3 × 116.8 oil on canvas 2016

사랑을 했다

오랜 시간, 안으로 잠겨졌던 서재 문이 열렸다. 소꿉놀이에 빠져 있던 세 살, 여섯 살 두 손녀가 제 엄마에게 달려가 앞뒤로 매달린다. 애틋한 만남이 남북 이산가족 상봉이 따로 없다. 한순간 세 모녀가 얼싸안은 채 노래를 부르며 경쾌한 리듬에 빙글빙글 춤을 춘다.

사랑을 했다 우리가 만나
지우지 못할 추억이 됐다
볼만한 드라마는 괜찮은 결말
그거면 됐다 널 사랑했다

세 살배기 손녀도 제법 가사를 또렷하게 따라 부른다. 딸과 손녀들의 까르르 웃는 웃음소리가 집안 가득 채운다. 소파에 앉아 바라보는 나도 지친 피로가 이 순간만은 잊고 입가에 미소가 번진다.

딸은 애를 셋을 거두며 집안 살림도 벅차다. 그런데 사위의 일을 도와야 하는 처지가 되었다. 그러려면 국가자격증을 따야 했다. 그동안은 힘들어도 혼자서 잘 해낸다고 생각했는데 시험을 한 달 앞두고 나에게 전화를 걸어왔다. 웬만하면 부탁하지 않으려 했는데 모의고사를 치면 합격선에 간당하게 점수가 나오니 불안하단다. 내년에 다시 이런 고생을 않으려면 만사를 제쳐두고 집중적으로 공부를 해야 한다며 도움을 청하는 전화다. 아들은 가서 무리는 마시고 제 동생을 도와주고 오라며 거든다.

광주에 도착했다. 딸은 미안한 마음에 소파에 가만히 앉아 애들 동선만 살펴 달라지만 그동안 주부의 손길이 닿지 못한 어지럽혀진 곳으로 먼저 눈이 가니 말이다. 언짢은 표정을 읽은 딸이 시험만 치고 나면 잘하고 살 테니 이해해 달라며 서재로 들어갔다.

그날부터 딸은 새벽이 되도록 공부에만 집중했다. 성격과 달리 이제는 일 앞에서 몸이 사려진다. 자식 일이기도 하고 흐트러진 것에 예민해지니 보고만 있을 수가 없다. 집에서는 한 번 청소를 하면 며칠이 지나도 그대로다. 하지만 딸 집은 다르다. 아무리 깔끔하게 정리를 해도 애들은 장난감을 퍼트려놓는다. 베란다에 화분들은 주인의 손길이 한참을 닿지 않은 듯 상태가 시들하다. 집 청소는 끝이 없다. 딸은 엄마가 무리해서 혹시나 몸이 아프게 되면 오히려 도움이 되지 않고 마음이 불편해서 공부에 집중할 수 없게 되니 대충하란다. 하지만 엄마의 마음은 어디 그런가. 이일 저일 잠깐도 쉴 틈이 없다.

사위는 세상살이가 만만치 않음을 일찍 깨우쳤나 보다. 구체적인 계획으로 사업과 가족을 위하여 최선으로 살아가는 모범적인 가장이다. 틈날 때마다 집안일을 거들어주며 아들 학교와 둘째 유치원, 셋째 어린이집 등원까지 시킨다. 지역이 낯선 나를 배려해서 먹거리는 필요한 대로 마트에 주문 배달을 시켜준다. 잘살아보려 노력하는 딸 부부를 지켜보며 나에게 더한 효도는 없을 것 같은 생각에 마음은 뿌듯하다. 아무리 내 몸이 힘들다고 마다할 수가 없다.

학원을 다녀온 딸과 차 한 잔을 마실 때다. 지금처럼 공부를 열심히 했더라면 서울 법대는 충분히 합격을 했을 텐데…. 철없을 때의 아쉬움과 미안한 속내도 드러낸다. 그만큼 지금 하는 공부가 힘드나 보다. 대학원을 마치고 결혼해서 애들을 셋을 낳고 한참을 공부와 동떨어져 있었다. 더구나 생소한 법률 공부는 아무리 반복해 보지만 기억되지 않는단다. 애쓰는 딸이 안쓰럽다.

둘째는 뒤에서 엄마 허리를 껴안고 막내는 앞에서 제 엄마 손을 잡고 신나게 춤을 추며 흥겹다. 아마도 요즘 유행하는 어느 아이돌 그룹이 부른 노래 같은데 나이가 든 나는 생소하지만 마음은 함께 즐겁다. 그저 딸 가족의 행복이 그대로 느껴져 흐뭇하다. 십 분 정도 즐거웠을까. 딸은 손녀들에게 "인제 그만" 하더니 주방에서 커피 한 잔을 따라서 서재로 들어간다. 익숙해진 듯 손녀들은 쉽게 엄마를 포기하고 다시 소꿉놀이에 빠져든다.

느긋하게 바라보던 나는 딸의 어린 시절을 떠올려본다. 엄마와 함께하지 못하는 불만을 투정했지만 밝게 자라 짝을 만나 잘 살아주는 것으로 고맙고 대견하다. 내 어릴 적 어머니와 함께했던 추억도 떠오른다. 내가 둘째 손녀만 했을 땐가 보다. 어머니와 즐겁게 노래를 불렀던 행복했던 시절도 있었지. 홀몸으로 어린 자식을 껴안고 버텨 냈을 내 어머니, 나 역시 힘든 상황에서 최선으로 살아 냈던 것은 역시 가족 사랑의 힘이었다. 지금 그 사랑이 내 딸에게 대물림되고 있다.

시험 보는 날이다. 떨어져도 이번 한 번으로 끝이라는 말을 남기고 딸은 시험장으로 향했다. 진한 커피로 피로와 잠을 쫓아가며 날밤으로 공부하던 딸이다. 그런 고통을 지켜보는 나는 대신할 수 없는 안타까운 마음만 짠했다. 엄마가 공부를 하는 동안 보살핌을 받지 못하는 손자손녀들도 애정결핍인지 산만했다. 주위로부터 이 시험이 너무 어려워 몇 번을 낙방했다는 분들의 얘기도 들어온 터다.

시험을 치른 저녁이다. 인터넷에 뜨는 답을 체크하는 딸의 표정에 긴장이 역력하다. 마지막 확인을 마친 딸의 얼굴에 오랜만에 환한 미소를 짓는다.

"엄마 덕분에 내가 합격 점수가 나오네."

부산으로 돌아와 며칠이 지났건만 내 집이 낯설다. 거실 소파에 앉으니 두고 온 딸과 두 손녀의 노래하며 춤추던 모습이 눈에 선하다.

알고 보니 그 노래는 슬픈 이별의 가사가 경쾌한 멜로디에 가려진 노래다. 이별은 배신이 아닌, 서로가 사랑했고, 사랑을 받았으니 됐다는 요즘 청춘들의 긍정적 쿨한 사랑 법의 노래인 것 같다. 아무 뜻도 모르면서 '사랑을 했다'를 암팡지게 불러대던 어린 손녀들의 노랫소리가 귓전에 쟁쟁하다. 그 노래에 나도 중독된 것일까. '사랑을 했다' 기억된 가사만 벌써 몇 차례 반복으로 흥얼대고 있다.

석류가 있는 정물 145 × 57

情 II 100 × 42

제3부 나만의 퀘렌시아

한여름의 꿈 60.6 × 40.9 oil on canvas 2014-김성규

광란의 파도

몰아치는 열정을 캔버스에 담았다. 격렬하게 밀려오는 생동감을 생생하게 표현했다. 붓질마다 웅장한 자연의 거친 숨소리를 느끼게 한다. 때로는 평온한 색채 배합도 보이건만 화가는 파도의 역동적 자유를 표현했나 보다.

제주 여행 중 뉴욕 '브루클린 미술관' 순회 전시를 보게 되는 행운을 가졌다. 지인들이 외국 여행에서 보았다는 유명 화가들의 명화 관람은 나에게 평생 접하기 힘든 기회다. 늘 어깨 너머로 넘겨다보는 식견으로는 세계 명화는 감상도 어렵다. 그냥 편안하게 눈과 마음을 열어 내 생각, 내 감정, 내 느낌으로 지켜본다. 다행히 '도립미술관' 큐레이터의 작품 설명에 기대어 19세기 유럽 예술가들의 화풍 속으로 빠져들었다. 그림을 그리는 가족이 있어서 더욱 감동이 짙다.

모네가 유난히 많이 그렸다는 '수련' 그림에 젖어 든다. 밀레의 '양떼를 치는 남자'는 목동의 고단함이 보여 안타깝다. 로댕의 '아름다운 아내'는 바위 위에 앉아 고개를 숙인 벌거벗은 늙은 여자의 모습을 사실적으로 표현한 조각 작품이다. 마른 몸에 쭈글쭈글해진 젖가슴과 늘어진 뱃살이 도저히 아름답게 보이지 않는다. 조각을 바라보는 보는 내 눈이 얕은 탓일까. 하지만 조각가 로댕의 예술적 세계는 예리하다는 생각을 해본다. 그는 늙어진 모습을 생생하게 조각했지만, 어머니로 한 생을 살아 낸 여자의 내면을 표현한 것으로 느껴진다.

다음은 구스타브 쿠르베의 '파도' 그림 앞에 섰다. 그는 오로지 눈에 비치는 것만 그린다는 사실주의 작가로서 뜨거운 열정이 캔버스에 오롯이 넘쳐난다. 감동이 파도처럼 출렁인다. 벼랑을 텅텅 치받는 괴성 소리가 들리는 듯하다. 얼마나 많은 물굽이를 돌아왔기에 천 길 벼랑을 내딛고 할퀴는 파도의 절규를 닮았을까. 마치 어느 티브이 프로에서 보았던, 탱고 리듬에 관능적이고 격정적인 춤사위를 선보였던 무용수들을 연상시킨다. 파도가 움쩍 않는 바위를 안고 돌듯 고독한 광기와 처절한 몸부림이 느껴진다. 쿠르베 그림이 가는 내 발길을 자꾸만 돌려세운다.

섬에서 태어나서일까. 바다는 온통 나의 그리움이다. 가고파의 노랫말처럼 내 고향 남쪽 바다는 큰 파도가 없는 잔잔한 바다다. 그래서인지 더 넓고 격렬하게 요동치는 큰 바다에 대한 갈망이 있다. 지금 사는 부산 어디에서나 넓고 푸른 바다를 마주할 수 있지만 가까이 있다고, 보고 싶다고 달려가 쉬 볼 수 있는 것은 아니다. 긴 세월 삶이 올가미처럼 매인 현실에서 지척의 바다는 늘 그리움일 뿐이었다.

섬사람들에게 바다는 생존의 수단이고 투쟁의 대상이다. 생명의 줄을 쥐고 있는 두려움이기도 하다. 바다가 미쳐 광란의 파도로 드세게 밀려올 때 아무도 그것을 피할 수 없다. 어부였던 내 아버지는 강풍과 거친 파도 따위는 두렵지 않았을 테다. 빠른 해류에도 휩쓸리지 않았고 칠흑 같은 밤바다에서도 뱃길을 찾았다. 고기들이 모여드는 곳에 그물을 올려 늘 만선의 깃발을 올렸을 테다. 아버지는 분명 유능한 젊은 선장이자 선수였다. 그런 이유로 바다는 언제나 나를 지켜주는 아버지의 혼이라 여겼다. 물장구치며 놀았던 유년 시절을 별 탈 없이 보냈고 아버지가 없어도 외롭거나 슬프지 않았고 기죽는 일도 없었다. 일찍 떠난 미안함에 혼으로 힘든 세상 고비마다 잘 살펴 주었지 싶다.

감정이 들쑥날쑥한 바다처럼 세상살이가 편안할 수만 없다. 의도하지 않았던 일들이 힘들게 했다. 하늘이 무너진 듯 상실감에 빠져 허우적거렸다. 강렬하게 비추었던 그 빛이 꺼졌다. 마음은 언제나 소용돌이치는 광란의 파도였다. 그럴 때면 종종 제주 올레길을 걷는다. 그곳에서 파도를 치솟게 하는 사납고 매서운 바람의 힘을 보았다. 바람에 대항하며 거친 파도로 밀려올 때 그때가 살아 있는 바다지 싶다. 고비마다 억센 삶을 살아내는 우리네 생도 그렇다.

지난 늦가을. 때아닌 태풍주의보가 내려졌다. 바람이 거세게 불어오는 날에 쉽지 않은 용기를 내었다. 육지의 끝자락 이기대 벼랑길 위에 나를 세웠다. 아직 태풍의 중심이 육지의 끝자락에 닿지 않았을 때건만 다가오는 바람의 위력에 작은 체구가 휘청거렸다. 태풍에 휩쓸리는 넓은 바다가 온통 흰 물 가루였다. 격노한 파도가 요동치며 험한 벼랑 위로 짠 물보라를 날렸다. 치솟다가 떨어지는 물과 함께 내 몸이 천 길 바닷속으로 휩쓸려 갈 것만 같았다. 길길이 패악 치며 울부짖는 광란의 바다였다. 그 순간 모든 시름이 파도의 괴성에 갇혀버렸다. 나는 미술관에 전시된 쿠르베의 그림 앞에서 발길을 돌리지 못했듯이 광란의 춤을 추는 바다를 하염없이 바라보고 서 있다. 그날 미친 듯 붓질을 해대는 그가 거기에 있었다. 지금 내가 마주하고 서 있는 바다 풍경을 그리고 있다. 생전처럼 내 가까이서 요동치는 파도 위에 덧칠해대었다. 그가 막 그린 그림을 내 눈앞에 펼쳐놓았다. 그리고 곁으로 다가와 전처럼 낮은 목소리로 내게 묻는다.

"바다를 그려봤어. 이 그림은 어때?"

내가 좋아하는 바다를 그렸다. 호방한 붓놀림도, 그림을 바라보는 그의 눈길도, 잔잔한 목소리도 전처럼 여전하다. 생전에 그는 사실주의 화가였으니 거침없는 열정적 붓질이 그대로 살아 있다. 나를 위해 그렸다는 그림 앞에서 울컥했다. 그림은 그리움의 준말이라 했던가.

바람 많은 제주도다. 거친 파도가 끝없이 밀려와 방파제를 때리고 하얀 물거품으로 으스러진다. 동서양을 막론하고 바다는 많은 예술인의 예술혼을 자극했다. 마치 어제 미술관에서 본 구스타브 쿠르베의 파도 그림도 실제 모습 같다. 쿠르베도 분명 사실주의 화가였으니 광란하는 바다를 그대로 훔쳐 액자 속에 담아놓았나 보다.

바다는 지붕도 벽도 없는 천연 미술관이다. 올레길 걸음을 멈추고 망망대해에서 끝없이 밀려오는 파도를 바라본다. 서 있는 나도 오늘만큼은 대자연 미술관에 전시된 한 폭 풍경화가 되었다.

이호테우 해변 53.0 × 33.4 oil on canvas 2021_김성규

유전의 힘

유전이란 참으로 대단하다. 아무리 손사래를 친다 해도 빼닮은 모습만으로도 부정할 수가 없다. 그래서 피는 못 속인다는 말이 생겨났나 보다. 같은 틀에서 찍어낸 것처럼 닮아서 농담처럼 던지는 말이 있다. '붕어빵' 혹은 '도장'을 콕 찍었다고 말한다.

'어거스트 러쉬' 영화를 봤다. 촉망받는 첼리스트인 라일라와, 밴드 보컬인 루이스 두 남녀는 우연히 만나 하룻밤을 보내게 된다. 그리고 서로의 정보도 나눌 겨를도 없이 헤어진다. 그 하룻밤으로 라일라는 아이를 가지게 된다. 만삭이 되었을 때 교통사고를 당하고 라일라는 정신을 잃는다. 다행히 라일라와 아이는 무사했지만 딸의 장래를 걱정한 아버지는 태어난 아이를 보육원으로 보내버리고 의식에서 깨어난 라일라에게는 아이가 죽었다고 말한다.

보육원에서 자란 어거스트는 주변의 모든 소리를 음악으로 듣고 부르는 타고난 절대 음감을 가졌다. 열한 살이 되어서는 부모를 찾기 위해 보육원에서 도망을 친다. 길에서 우연히 위저드를 만난다. 자신이 이끌리는 대로 기타를 연주하는 음악적 재능을 알아본 위저드는 어거스트를 거리의 악사로 만들어 앵벌이를 시킨다.

아버지가 죽으면서 라일라에게 아이가 살아 있다는 사실을 알려준다. 이후로 라일라는 자식을 찾기 위해 그동안 포기했던 첼로 연주를 다시 하게 된다. 한편 어거스트는 천재성을 알아본 이들의 도움으로 자신이 작곡한 음악 콘서트를 하게 된다. 마침 같은 날 같은 장소에서 라일라도 자신의 음악을 아들이 들을 것 같다며 첼로 연주를 한다. 그곳에서 라일라는 평생 잊지 못했던 남자 루이스와 아들 어거스트를 만나게 된다. 어거스트의 음악적 재능은 결국 부모의 자질을 그대로 물려받은 것이었다.

속일 수 없는 것이 피의 흐름이다. 외모적인 특성부터, 성격, 식습관과 목소리, 재능과 체격이 판박이다. 행동이나 기질까지, 어떤 병에 취약한지 등 과학적인 근거가 아니더라도 눈으로도 확연히 느끼게 된다. 심지어 부모처럼 살지 않겠다고 호언하지만, 그런 부모의 팔자까지 그대로 닮아 운명 같은 삶을 살게 되는 경우도 간혹 보았다.

유전이란 사람에게만 있는 것은 아니다. 우리 집에는 제법 큰 수족관이 있다. 오랫동안 열대어 구피를 키운다. 수족관에서 작고 예쁜 구피들이 노니는 모습을 넋 놓고 바라볼 때가 많다. 눈여겨보면 사람의 생과 한 치도 다를 바가 없다. 팔팔한 혈기를 주체하지 못하는 젊음이 있는가 하며, 느리고 둔해져 늘 처지는 늙음도 본다. 수족관 구피를 보노라면 생의 희로

애락을 느끼게 된다. 그런데 모성애는 전혀 없어 보여 마음을 안타깝게 한다. 요즘 간혹 뉴스에 보도되는 비정한 부모처럼 자신이 낳은 새끼를 해하는 것을 보게 되었다. 오래전 티브이에서 방영한 '가시고기' 자연생태 다큐멘터리를 시청한 적이 있다. 가시고기가 최후에는 자신의 살점까지 새끼들에게 먹이로 내어주는 것을 보고 눈물을 흘렸다. 물고기도 부성애와 모성애가 강하다는데 유독 구피만은 그러지 못하다. 아마 구피도 대를 이어 모성애가 없는 모질고 악한 피가 흐르는 모양이다.

살펴보면 물고기도 판박이들이 많다. 작은 물고기에게도 확실한 유전자를 보게 된다. 너울 같은 지느러미를 닮았거나 어미의 독특한 모양과 무늬와 색을 그대로 타고난다. 그런데 몇 해 전부터 허리가 니은 자로 꺾인 녀석이 태어났다. 물속에서 자유롭게 유영하는 활발한 녀석들과 달리 몸이 불편해서인지 늘 수족관 바닥에서 머물고 있다. 간혹 수초 사이를 돌다 이내 바닥인 자신의 자리로 되돌아갔다. 그런 녀석이 배가 불러오더니 새끼를 낳기 시작했다. 작은 물고기가 자라더니 어느새 수족관에는 허리가 휜 물고기의 숫자가 늘어가고 있다는 사실이다.

요즘 젊은 사람들은 대부분 키가 크다. 나 때만 해도 내 키는 보통으로 그리 작다는 소리를 듣지 못했다. 그런데 이제는 작다는 소리를 듣는다. 물론 나이가 들어가니 칼슘이 빠진 탓인지 확실히 키가 줄어들긴 하다. 검진 때마다 확인하는 사실이다. 어떤 가정을 보면 부모의 좋은 점만 똑 빼닮았다. 우리 집만 보더라도 변명할 수 없다. 아들딸이 그림 그리는 아빠의 재질을 그대로 물려받았다. 심지어 손자 손녀들까지다. 하지만 아빠의

헌칠한 키는 쏙 닮아야 했다. 성장기에 너무 바쁘다 보니 영양가 있는 음식을 제대로 챙겨 먹이지 못한 탓인지, 아니면 키 쪽으로는 아마도 나의 DNA가 강했던 탓이었나 보다. 못내 살짝 아쉽기는 하다.

유전자는 티브이 드라마 소재가 되기도 한다. 유전병 예방과, 농작물 수확을 늘리고, 친자 확인으로 어릴 적 헤어진 부모형제를 찾는 등 다양한 연구가 실현되고 있는 것을 볼 수 있다. 유전이란 부모로부터 외모나 성품을 타고난 것쯤으로만 알고 있는 나도, 유전자는 현대 과학의 대표적인 연구 대상으로 현재를 살아가는 사람들에게 무엇보다 필요하고 중요하다는 것을 알게 된다.

간혹 탁월한 소질과 기질을 갖춘 사람들을 본다. 그들을 보면 그런 재능을 타고날 수밖에 없는 배경을 가지고 있다. 굳이 과학적인 검사를 하지 않아도 이해가 되고, 증명하지 않아도 증명이 된다. 어거스트가 부모의 음악적 재능을 오롯이 물려받아 천재성을 발휘하듯, 부모를 알 수 없고 같이하지 못하는 현실에서도 막을 수도 멈출 수도 없는 유전된 천재성에 영화를 보는 내내 혀를 차게 한다. 역시 유전의 힘은 정말 신비롭고 대단하다.

제주도의 푸른밤 116.8 × 80.3 oil on canvas 2014

바다를 밟고 오는 그리움

폭염이 이어진다. 계절은 영영 바뀌지 않을 기세다. 무더위가 기승을 부리는 이맘때면 고향 바다가 그립다. 옥빛 바다에 햇살이 부서져 파도가 일렁이던 고향 바다. 여름 볕에 까맣게 그을린 내 유년의 추억들이 고스란히 남아있는 그곳으로 향한다.

부산에서 가까운 곳이건만 편리한 거가대교가 놓여 진 이후에도 늘 멀게만 느껴졌다. 고향 바다 칠천량漆川梁은 임진왜란 때 '삼도수군통제사' 원균이 왜적에 패한 곳이다. 조선 수군 2만 명의 목숨이 수장된 옛 한이 요동치는 물살을 만들어내는 듯, 학교가 있는 본섬으로 등교하는 나룻 뱃길은 언제나 험난했다. 남학생들이 사공을 도와 노를 저어 선창에 도착하곤 했다. 이제는 칠천도에도 연륙교가 놓여 물살을 상관하지 않고 크고 작은 차들이 자유롭게 왕래하고 있다. 얻는 게 있으면 잃는 것도 있게 마련, 선창에서 고삐에 끌려 배에 태워 팔려 가는 장날 소의 슬픈 눈도, 친구들이 등교하던 나룻 뱃길도 추억만 남기고 사라졌다.

요즘 시골이 그렇듯, 고향 어촌도 여느 시골과 다를 바가 없다. 오래전 자식들은 꿈을 찾아 객지로 떠나고 팔십 노인 몇 분만 남아 있다. 마을에는 개 짖는 소리도, 닭 우는 소리조차 없다. 쥐 죽은 듯 고요하다.

그러나 고향 바다는 여전하다. 신발을 벗고 바닷물에 발을 담그면 반가운 듯 달려와 발등을 살짝 쓰다듬어 주는 잔물결. 오래전 소금물에 절여놓았던 추억들이 지금 이 순간 발아래서 녹아 간질댄다.

여름이면 바다는 아이들의 놀이터였다. 친구들과 물속에서 오래 있기, 선착장까지 누가 빨리 가나 내기도 했다. 깊고 먼바다를 무서운 줄 모르고 새끼 물개처럼 살랑거리며 헤엄을 치고 다녔으니 지금 생각해봐도 아찔하다. 해녀처럼 차오르는 숨을 참아가며 해삼을 건져 먹기도 하고, 썰물 때는 돌에 닥지닥지 붙어 있는 굴을 따서 배를 채우기도 했다. 해물이 풍부한 부산에 살고 있건만 짭조름한 고향의 향이 있는 맛을 아직도 먹어 본 적이 없다. 가난하기 그지없었던 시절이었지만 그런 추억이 있기에 마음은 느긋해진다. 섬 아이에게 엄마가 바다 같았다면, 맑고 잔잔한 품에서 자유롭게 헤엄치며 꿈의 길을 열어준 바다도 내 엄마였지 싶다.

언덕에 우리 집 고구마밭이 있던 곳으로 올라갔다. 밭일을 갈 때 나는 엄마를 따라갔다. 베적삼에 땀이 흠뻑 배도록 일하시던 엄마였다. 한참 풀을 매다 밭가에 나와 앉은 엄마는 머리에 쓰고 있던 수건으로 얼굴에 흐르는 땀을 훔친 후 챙겨 온 담배에 성냥불을 그어 붙였다. 양껏 담배를 빨아들이고는 청춘의 한을 토하듯 연기를 뿜어냈다. 언제부터 담배를 피우기 시작했는지는 알 수 없지만 엄마의 시름을 달래주니 담배가 그렇게 나쁘지는 않아 보인다는 생각을 했다.

“너그 아부지는 참말로 대단했디이라. 서른도 안 된 나이에 혼자 일본에 가서 배를 사서 타고 오더라 카이.”

엄마는 붉은 받둑에 앉아 많은 어부와 배를 거느린 젊은 선주였던 남편과의 행복했던 날들을 되새김하고 있었다. 엄마는 단숨에 담배 한 대를 피운 후 돌아올 아버지를 기다리는 듯, 먼바다에 시선을 주었다. 어린 마음에도 저러다가 행여 또 눈물을 흘리면 어쩌나 싶었다. 엄마가 끝없이 추억하고 그리워하는 아버지이지만 내겐 어렴풋한 기억도 없다. 오로지 어린 4남매를 키우며 버거운 삶을 이어가던 고통스러운 엄마의 아픔과 육신만 생생히 기억날 따름이다.

나는 엄마의 마음과 달리 아버지의 빈자리가 그렇게 간절하지 않았다. 얼굴도 기억하지 못하고, 느낌도 없는 아버지를 향한 보고픈 마음도, 티끌 만한 그리움도 없었다. 일찍 떠나 아버지 없는 서러움만 남겨 주었다. 엄마가 곁에 있어 마냥 즐거웠고, 엄마의 치마꼬리만 잡고 졸졸 따라다니면 행복했다.

팍팍한 삶에 지쳐 다 털어버리고 싶을 때가 있다. 단 며칠이라도 아주 먼 곳으로 유배되어 현실을 잊고 싶기도 하다. 인생도 햇살에 반사되어 은빛으로 반짝이는 저 바다처럼 늘 푸른 청춘이고 싶다. 하지만 세월을 붙들 수 있는 사람은 없다.

생전에 엄마는 아버지를 꼭 만나 못다 한 인연을 저승에서 다하고 싶어

했다. 이승을 떠나는 날, 장롱 깊이 간직했던 결혼 때 받은 사성四星을 유언에 따라 가슴에 꼭 안겨드렸다.

사람의 운명은 아무도 모르는 일. 지금 생각해보니 나를 태어나게 해준 아버지를 원망할 일은 아닌 듯싶다. 젊은 나이에 아내와 어린 사 남매를 두고 떠나는 가장인 아버지인들 어찌 편히 눈을 감았겠는가. 지금쯤 엄마가 아버지를 만나 이승에서 못다 한 남편의 사랑 속에서 행복을 누리고 있기를 간절히 바랄 뿐이다.

청보리가 봄바람에 일렁이던 오월 어느 날이라고 했다. 대문 밖에 있는 보리밭 둑에서 아버지는 채 돌이 지나지도 않은 나를 안아 어르고 있었단다. 그 시절 모든 아버지들은 자식 사랑을 표현하지 못하고 살던 시절이었다. 아기의 까르르 웃는 소리가 온 보리밭 이랑으로 퍼져나가더라고 했다.

"너그 아부지는 셋째인 너를 유난히 예뻐했제."

그 옛날 엄마의 세월을 훌쩍 지난 나이건만 나에게 주어진 이별은 지금까지도 가혹하고 절절한 아픔이 되고 있다. 젊었던 엄마는 어린 사 남매를 끌어안고 긴긴 세월 어떻게 살아내셨을까.

하루 종일 이글거리던 태양이 서쪽 바다를 붉게 물들이고 있다. 한때 아버지를 원망했던 마음을 바닷속으로 가라앉힌다. 아늑히 번져가는 노을이 슬프도록 아름답다. 한평생 아버지를 그리워했던 엄마처럼, 나를 두고 먼저 떠나 그리움이 된 그가 수평선 바다를 밟고 내게로 달려오는 듯하다.

월령포구에서 53.0 × 33.4 oil on canvas 2019

양념

"좋아하는 문장이라고 작품마다 양념처럼 쓰지 마시고요."

순간 '양념'이란 단어가 피할 수 없는 화살처럼 내게로 날아와 정확하게 박힌다. 글을 쓰다 보면 자기만이 잘 쓰는 문장이나 단어가 있다. 은연중이 글 저 글 심지어 한 작품 곳곳에 양념처럼 뿌려놓는다.

잘 살펴보면 뻔히 보이는 것을, 확인조차도 서툴러 번번이 실수하게 된다. 꼭 그 문장이나 단어가 들어가야 글의 완성도가 높아지는 것처럼 여겨서일까. 아니면 익숙했던 문장에 길들어 있었던 탓인지도 모르겠다. 충격과 자극을 주는 지적이 정신을 확 깨운다.

양념은 음식을 만들 때 파 마늘, 설탕 소금, 간장 된장 고추장 등으로 감칠맛 나는 맛을 돋우기 위해 덧붙여 넣는 재료를 말한다. 음식마다 넣는 종류는 다르기 마련이다. 물론 양념은 적당해야 한다. 적으면 맹숭하고 너무 과하면 강하여 입맛이 텁텁하게 되어 거슬리게 된다. 알맞게 간이 잘

밴 깊은 맛을 내는 한 끼의 음식에 사람들은 하루를 살아가는 힘을 얻는다. 글 역시 그렇다. 잘 엮어진 작품이 좋은 평가를 받는다면 글을 쓰는 보람과 아울러 용기를 얻게 된다.

어릴 적부터 엄마와 언니가 있어 부엌에 들어가 음식을 만들 일이 거의 없었다. 이것저것 손재주가 좋다는 소리를 많이 들었지만 진즉 부엌에서는 그러지를 못했다. 신혼 때의 일이다. 의상실 경영으로 바쁘다는 핑계도 있었지만 사실 음식만은 자신이 없었다. 싱크대 앞에 서면 무엇부터 해야 할지 몰라 막막했다. 냄비를 들었다 프라이팬을 들었다 놓기를 반복했다. 익숙하지 못한 서투른 행동이 표를 냈다. 그러니 유난히 솜씨가 좋은 친정 올케언니 반찬이나 넉넉하게 베풀어주는 둘째형님의 도움을 받았다.

시어머니와 손윗동서 세 분은 음식 솜씨가 좋았다. 그런 음식에 길든 남편의 입은 까다로웠다. 어느 날 소고깃국을 끓여 보았다. 모처럼 남편 입맛에 잘 맞은 국이었다. 맛있게 잘 끓였다는 말에 몇 끼를 줄기차게 밥상 위에 올렸다. 결국 남편에게 한 소리를 들었다. 아무리 맛있는 음식도 한두 끼지 질리도록 밥상에 올리느냐는 핀잔이었다. 순간 오늘 선생님이 쏜 양념이라는 말의 화살이 의식을 관통한 것처럼 그날 남편의 타박도 큰 충격으로 다가왔다. 많이 바쁘기도 했었고 모든 것이 다 이해될 줄 알았던 신혼 때인지라 섭섭함과 서러움까지 겹쳤다. 하지만 말 없고 속 깊었던 사람이 오죽했을까. 이후로 바쁜 가운데에도 음식 만들기에 관심을 가졌다. 음식을 조리할 때 첨가하는 양념에도 차츰 익숙해져 갔다. 색다른 식자재로 특별한 반찬을 식탁 위에 올려 새로운 음식 맛을 보여주기도 했다.

오랜 세월이 흘러갔나 보다. 남편이 밥상 앞에서 애들에게 들려준 말이다. 너희 엄마가 해주는 음식을 먹다 보니 밖에 음식은 입에 맞지 않는다고 했다. 그동안 어설픈 음식에 입맛이 길든 것인지, 아니면 내 노력의 대가를 위로해주는 화답인지 알 수 없지만 입맛이 까다로운 그가 인정해주는 말이라 내심 기분이 좋아졌다. 이를테면 맛있는 음식도 계속 먹다 보면 식상하듯이 아무리 좋은 문장도 남발하게 되면 감동을 주는 글이 되지 못한다.

남편과 달리 내 입맛은 지극히 서민적이다. 특히 쌈을 좋아한다. 쌈에 맛깔나는 양념된장이 보태지면 더욱 좋아한다. 여자가 음식을 먹을 때는 얌전하게 품위 있게 먹어야 하지만 쌈을 싸 먹을 때는 볼이 터질 듯 걸신스럽게 먹어야 제맛이 난다. 그러니 어찌 쌈 맛을 포기할 수 있겠는가. 내 입맛에 맞는 음식이라면 날마다 먹는다고 해도 질리지 않는 식습관이 글쓰기에도 전이된 듯, 현재에 머문 글쓰기도 시나브로 습관이 된 듯하다.

삼 년 전이다. 김장 날의 기억이 떠오른다. 갖가지 재료로 잘 섞어진 양념을 절인 배추에 발라 한 줄기 떼어 먼저 맛을 보았다. 생각했던 맛이 전혀 아니었다. 깜빡하고 갈아놓은 마늘을 빠뜨렸다. 다시 마늘을 넣고 버무리니 그제야 원했던 맛을 내는 김치가 되었다. 간이 잘 맞고 양념이 고루 배어야 입맛을 당기는 음식처럼, 다양한 소재로 잘 엮인 글 역시 그렇다. 문장이 잘 갖추어진 작품이야말로 눈을 뗄 수 없게 된다.

입안을 얼얼하게 하는 매운 고춧가루나, 마늘처럼 톡 쏘는 글은 읽는 사람에게 자극을 준다. 눈물을 흘리거나 역경을 견뎌내는 용기를 주고 감동을 읽게 한다. 새콤하고 고소한 참기름이나, 달콤한 설탕 같은 글은 인생의 즐거움과 행복과 사랑을 느끼게 해준다. 그러나 중요한 핵심 같은 양념이 빠진 글이라면 이것도 저것도 아닌 맥 빠진 글이 될 것은 뻔하다. 곰탕은 끓여질수록 진국이 되듯 글도 수정할수록 진한 한 편의 글이 되리라 본다.

음식에서뿐만 아니다. 양념 같은 역할을 하는 사람을 보게 된다. 어떤 모임에서라도 유머나 덕담을 적재적소에 날리면서 분위기를 잘 끌고 가는 사람이 있다. 그런가 하면 생뚱맞은 말로 분위기를 흩트려 놓는 사람이 있다. 간이 잘 맞지 않은 음식이리라. 어떤 양념이 들어갔느냐에 따라 맛이 달라지듯, 살아가려면 양념 같은 대처 능력 또한 필요하다.

창작이란 초록 파밭과 고추밭, 마늘과 생강밭에서 수확해서 양념의 재료가 되듯, 모든 음식의 맛을 더하는 양념처럼 깊고 부드러운 글맛을 살려내야 한다. 어떤 새롭고 다양한 문장으로 완벽하게 나만의 글을 쓸 것인가. 양념이란 단어 하나로 깊은 고민에 빠진 하루다.

가파도에서 45.5×33.4 oil on canvas 2019

박수기정

올 한해는 유난히 흉흉하고 소란하다. 칩거하는 일상의 연속이다. 다 떨쳐 버리고 조용한 곳에서 마음껏 자유로워지고 싶다. 한참 갈등 중에 쉽지 않은 용기를 내었다. 망설이던 두려움은 집을 나서는 순간 어느새 사라진다.

제주 도착 다음날이다. '박수기정' 풍경이 펼쳐 내는 올레 9코스를 걷기로 일정을 잡았다. 주상절리가 발달한 대평포구 해안 절벽길이다. 출발점에 서서 올려다본 박수기정은 수직으로 깎아지른 낭떠러지다. 병풍을 펼쳐 놓은 듯 신비한 풍경에 입을 다물지 못한다. 마치 천상인 듯 경이롭다.

용왕의 아들은 시끄러운 냇물 소리를 없애 달라는 스승의 부탁을 들었다. 그가 은혜를 보답하고자 설치했다는 방음벽이 바로 박수기정이란다. 제주도에서 길을 걷다 보면 사물과 그럴듯하게 닮은 형상들을 많이 보게 된다. 그것들은 얼추 비슷한 사실처럼 여겨지는 전설을 담고 있다. 애틋하고 구구절절한 바다 이야기들이 배경처럼 깔려 있는 곳이 많다. 세월이 빚어놓은 현무암 형상들을 바라보면 성스럽기도 하고 장엄하다.

출발부터 경사가 심한 가파른 길을 오른다. 벼랑 아래에서 그림 같다고 느꼈던 풍경도 그 속을 걷기는 만만치 않다. 오솔길의 돌들로 걷기에는 위험하고 여간 힘들지 않다. 다행히 출발지점에서 올려다본 오금을 저리게 했던 아찔한 벼랑은 전혀 느껴지지 않는다. 절벽 위 좁은 숲길을 걷지만 서로 엉키고 어우러진 천년의 나무들이 울타리가 되어 공포심을 지워준다. 다만 저만치 내려다보이는 풍경이 출발점에서 올려다보았던 높이가 가늠될 뿐이다.

세상살이도 그렇다. 걷고 있는 벼랑길처럼 사방으로 무수한 위태로움 속에서 한 치 앞을 모르고 그저 살아낸다. 당장 내일을 모르면서 더 채우려 하고, 더 앞서려 한다. 나 역시 인간인지라 남들과 다르지 않았다. 열심히 최선으로 영원할 것처럼 억척을 떨었다. 얼마 전 한국의 대표 기업 회장도 허락된 백수를 다 채우지 못하고 이 세상을 떠났다. 자신이 쌓아놓은 부와 명예도 그대로 남겨둔 채다. 세계 최고의 경영인이 되기까지 그의 욕망과 고뇌로 한순간도 편안하지는 않았으리라. 모든 것 다 이루어 낸 기업가들은 수명까지도 마음대로 살아낼 것 같다. 그러나 이루어 낸 부로 얼마간의 생명을 연장할 수는 있을지는 모른다. 하지만 대체적으로 성공한 기업인들의 수명이 그리 길지 않다는 신문을 읽은 적이 있다. 뉴스를 접할 때는 사람이 각자의 위치에서 최선을 다하여 살아내는 세상살이가 참 허무하고 허탈하다. 그런 생각이 들 때면 이쯤에서 나도 좋은 곳을 찾아 멋진 풍경을 바라보며 살고 싶어진다. 그러나 마음먹은 대로 할 수 없다는 것 또한 사람의 삶이 아니던가.

다듬어지지 않은 급경사 길이 이어진다. 신이 무심하게 툭 던져놓은 것처럼 야성적이고 불친절한 길이다. 그래도 힘든 만큼 세월이 빚어놓은 수많은 비경을 아낌없이 보여주는 것이 올레실이다. 묵묵히 걷다 보면 분주했던 세상사 근심들이 어느새 사라지고 굳어 있던 마음도 녹아내린다. 많은 것들이 가벼워지고 지워지는 중에 도리어 선명해지는 나 자신이다.

어떤 손길이 이 물색을 그려낼 수 있을까. 단풍잎도 갖가지 고운 색으로 마지막 빛을 발하고 있다. 울창하게 우거져 있는 순수한 숲길에 들어서니 그저 평온하다. 자연은 이렇게 알 수 없는 시간 동안 아무도 흉내 낼 수 없는 예술작품을 곳곳에다 빚어 놓았다. 이 빛깔과 향기와 바람까지 반겨주는 곳에 방문자가 되어 자연의 축복을 넘치게 받는다. 원초적인 길 위에서 스스로의 내면을 들여다보면 누구도 눈치챌 수 없는 즐거움과 행복이 한가득 채워진다.

간혹 가까운 분들은 뭐 하러 제주도에 그렇게 자주 가느냐 말한다. 또는 제주도에 다녀온 걸로 그렇게 격하게 감동하느냐 할지도 모른다. 종종 가게 되는 제주도는 공항에 발을 딛는 순간부터 고향 동네처럼 낯설지 않고 편안하다. 더욱이 올레길 걷기는 세상 어디를 다녀온 것보다 나에게만 특별하게 주어진 멋진 여행이라 여긴다. 그동안 우물 안 개구리처럼 먼 곳을 떠나 보지 못한 탓도 있을 테고, 어린 시절 섬에서 자란 추억으로 무엇보다 제주도가 친근한 이유도 되겠다. 그러나 더 큰 이유로는 화산폭발로 만들어진 기이한 풍광들이 끝없이 가슴 설레게 유혹하며 끌어당긴다.

이제 와서 가슴 떨리게 하는 시절의 여행은 아니지만, 느지막이 올레길을 완주하는 뿌듯함이 마음을 벅차게 한다. 내 생에 이보다 더한 행운이라 여겨지는 일은 없지 싶다. 되돌아보면 인생을 쉽게 살아온 것은 아니다. 그러나 흐르는 세월에 주눅 들지 않고 거친 돌밭 길도 멋지게 걸어 내리라. 대자연의 넉넉한 기운을 옹골차게 채우며 길을 걷는다.

하루치를 꼬박 채우고서야 끝난 제주 올레 9코스다. 그리움이 몽땅 물든 박수기정 가을이 저물어 간다. 용기 내어 제주도에 오길 잘했다. 올레길 걷기를 잘했지 싶다.

채우고 비워 내고

결국 사달이 났다. 사계절 시원한 물을 마시게 하고, 과일과 채소를 싱싱하게, 김치도 쉬지 않고 아삭하게 먹을 수 있게 했었다. 오랫동안 우리 가족 먹거리를 신선하게 잘 유지시켜 주었다. 그랬던 냉장고가 소음이 잦고 간혹 물이 새어 나와 마음을 조마조마하게 만들었다.

세상에 존재하는 것들은 대부분 영원할 수 없다는 것을 안다. 잃어버리고, 빼앗기고, 놓치기도 하고, 어쩔 수 없이 보내야 하는 일도 있기 마련이다. 흘러가는 세월도 굽이치는 강물도 막을 수 없듯이, 평생을 단단하게 살아가리라 여겼던 몸이 요즘 들어 부쩍 여기저기 심상치 않은 신호를 보낸다. 그동안 아무런 이상이 없던 가전제품들도 주인을 닮아가는 모양새다. 오래 사용하다 보니 하나씩 기능의 문제가 생겨 불안하기 짝이 없다.

얼마 전에는 세탁기가 기능을 다해 출장 서비스 직원으로부터 폐기처분이라는 선고를 받았다. 어쩔 수 없이 다시 새 세탁기를 구매했다. 그런데 오늘 냉장고 역시 수리가 불가능하며 수명이 다했다는 처분이 내려졌다.

세상이 변하듯 가전제품만큼 빠르게 발전할까 싶다. 용도에 따라 기능도 디자인도 소재도 다양하다. 간편하게 사용할 수 있어 주부들의 일손을 덜어주고 편안하게 해준다. 필요에 따라 색다른 제품을 하나씩 장만했다. 새 제품을 마련할 때는 새롭기도 하고 한참 뿌듯하기도 했다. 마음으로는 억만장자가 이토록 족할까 싶기도 하다.

냉장고는 전자제품 매장에서 여러 모양 중에 적당한 크기와 디자인이 세련되고 무엇보다 깔끔하게 보이는 하얀색이 우리 부부의 눈길을 잡았다. 동시에 한마음이 되어 선택된 냉장고는 다음날 내 집으로 왔다. 주방에 자리한 날로부터 내 몸 일부처럼 사용했다. 생업으로 날마다 장을 볼 수 없는 처지인 나는 가족들이 즐겨 먹을 수 있는 식재료들을 미리 챙겨 보관해 두어야 한다. 먹거리들을 채워두면 마음이 그리 조급하지 않고 넉넉해지며 믿음직했다.

한참을 내 삶의 빈구석을 채워가는 재미로 살았다. 필요하다고 생각되는 가구나 가전제품을 들였다. 집안 분위기를 살려줄 화분이나 어항도 놓고 밋밋한 벽에는 그림을 걸었다. 심지어 골동품까지 온 집안을 꾸미고 채우기를 즐겨 했다. 하지만 모든 것들이 마음과 뜻처럼 영원한 내 것으로 살아지는 것은 아니었다. 어떤 이유로든 비워 내야 할 때도 있다. 내 곁으로 다가올 때는 마음이 충만하지만 보내야 할 때는 아쉽기도 하고 낯설다. 익숙해지지 않는 것이 언제나 이별인 것 같다. 사람이든 사물이든 그렇다. 오랫동안 잘 사용했던 냉장고도 이제 나와의 인연이 다한 것이다.

제 몸에 채워졌던 것들을 다 비워 내고 떠날 채비를 마쳤다. 현관 입구에 서 있는 냉장고를 어루만져 본다. 손때가 묻은 냉장고를 떠나보내려니 함께했던 온갖 추억들이 끝없이 밀려온다.

온 가족의 손길을 가장 많이 탔던 물건이다. 네 식구가 같이했던 시간에는 늘 함께였다. 특히 식구들이 모이는 시간은 자정 무렵이다. 보관해 두었던 과일을 꺼내 먹기도 하고, 늦은 시간이지만 냉동실에 넣어 두었던 삼겹살을 구웠다. 노릇하게 구워 좋아하는 상추에 싸서 먹고 즐겼던 늦은 밤의 추억은 아직 그대로 생생하다. 차가워진 시원한 맥주 한 잔으로 입가심도 빠질 수 없었다. 지난날들의 기억들이 영화 장면처럼 스친다. 아쉬움만 남겨두고 냉장고는 짐꾼들의 힘에 끌려나갔다. 그리고 현관문은 매정하게 닫혀버렸다.

냉장고는 현 생활에서 하루만 없다 해도 불편하다. 비워 낸 자리에 다시 최신 기능으로 만들어졌다는 새 냉장고가 들어왔다. 사람의 마음이 이처럼 간사하다. 떠나는 냉장고에 애틋하고 아팠던 마음이 새 냉장고를 보는 순간 언제 그랬냐는 듯 표정이 환하게 밝아진다. 두고 먹을 생선과 육고기는 손질하여 냉동실에 넣어둔다. 날씨가 더워지니 얼음도 넉넉하게 얼린다. 냉장실 맨 아래 야채 칸에는 채소와 과일을 넣어두고, 몇 가지 종류의 장아찌와 미리 조리한 밑반찬들도 눈길이 쉽게 가는 칸에 포개둔다. 기존보다 훨씬 넓어졌다는 홈바에는 여러 가지 음료수와, 늦은 밤 귀가하는 아들이 시원하게 마실 맥주도 종류별로 줄을 세운다.

괜스레 부엌에 들락거린다. 냉장고를 열었다 닫기를 벌써 몇 차례다. 뿌듯하고 든든한 마음에 이리저리 살펴보고 만져 본다. 별 하릴없이 깨끗한 새 냉장고를 닦고 또 닦는다. 그렇게 새 냉장고가 비워 내어 헐거워진 자리를 다시 채웠다.

눈길 닿는 곳마다 버려야 할 것들이 보인다. 구석진 자리를 차지하고 있는 쌓여진 책들, 빽빽하게 옷을 채운 옷장, 잡다한 용기들로 복잡한 부엌 수납장이 오늘따라 눈에 거슬리고 머리에 이고 있는 짐처럼 무겁게 느껴진다.

새삼 빈틈없이 채우기는 내 과한 욕심에서 비롯된 성격 탓이다. 마음에 담아둔 허상까지 쉽게 털어버리지 못한다. 채우는 것만이 능사가 아니었다. 내 안에 부질없다 여겨지는 것들을 비워 내고 허전한 곳을 채우면서 나만의 삶을 잘 꾸며 다듬어야겠다. 이제는 헐렁한 옷을 입은 것처럼 편안해지고 싶다.

살아내는 동안 내 손길이 닿은 것들을 얼마나 떠나보내게 될까. 그리고 또 어떤 새로운 것들이 나에게 귀한 인연으로 다가올까.

초록 쉼표

계절을 무색하게 하는 별세계다. 눈길 가는 곳마다 짙고 선명한 색을 드러낸다. 제주도는 남쪽이라 지금쯤 한라산 아랫도리가 활활 불타고 있으리라 짐작했다. 하지만 여기에는 사시사철 법칙이 무너진 듯하다. 이미 초겨울로 접어든 듯한데 뜻밖의 풍경에 마음이 평온해지면 머리가 맑아진다.

온통 시야를 가득히 채우는 초록 벌판이다. 검은 돌담이 둘러쳐진 밭마다 무성한 채소들. 배추며 무, 브로콜리, 양배추, 마늘과 파, 당근밭들이 봄인 양 싱그럽다. 겨울을 저만치 밀쳐낸 듯하다. 그뿐만 아니다. 하얀 감자꽃도 이색지다. 겨울과 봄이 한데 어우러져 여기서만 볼 수 있는 특별한 풍경이다. 문장을 이어가려면 쉼표가 필요하듯, 번잡한 삶을 살아내는 일상에도 휴식은 있어야 한다. 이 빛깔과 이 향기와 바람까지 낮은 오름에 사철나무도 허공을 향해 제 푸름을 거침없이 뻗어 올린다. 오늘은 자연이 펼쳐낸 곳에 방문자가 된다.

시린 계절의 시작에 묘한 분위기가 밀려온다. 언제부턴가 푸른 초록에 마음이 갔다. 녹슬어 무뎌져 버린 꿈과 희망이 꿈틀댄다. 천근 같은 마음의 무게도 사르르 녹아내린다. 생기 있게 보여 좋다. 청량감이 느껴져 더욱 좋다. 칙칙한 회색빛 인생에 활기를 얻게 된다. 가만히 보고만 있어도 머릿속이 맑아지고 고요해지니 말이다.

끝없이 펼쳐 내는 초록 앞에 서니 문득 유명 스타 강사가 떠오른다. 사람들에게 행복한 삶을 사는 강의로 유명세를 탔던 작가다. 톡톡 튀고 재치 넘치는 말투로 많은 시청자의 시선을 텔레비전 앞으로 모았다. 그중에 나의 눈길을 끌게 한 것은 그녀의 헤어 컬러였다. 이미 중년을 훌쩍 넘긴 예순에 가까운 나이에도 헤어 컬러는 특별했다. 그 시절 아무나 할 수 없었던 초록 염색 머릿결이었다. 유별했던 모습으로 웃음을 강조했던 사람이다. 그리고 밥은 굶어도 희망은 굶지 말라던 행복 전도사였다. 그녀가 한때 절망적인 삶을 견뎌내었기에 더 진실하게 다가왔다. 무엇보다 튀는 모습은 아마도 힘든 세상을 활기차고 독특하게 살아가는 다짐이자 표현이었던 것 같다.

많은 이들에게 삶의 희망이 되고 살아가야 할 이유가 무엇인가를 깨우치기에 노력했던 작가였다. 그랬던 그녀가 병마에 시달리는 육신의 고통은 이겨내지 못하고 스스로 생을 포기하고 말았다. 초록 물결을 보니 한순간 충격에 휩싸이게 했던 기억이 새삼 되살아난다. 이제 그녀의 웃음도 유명세도 사람들의 기억 속에 점점 잊혀져가지만 작가만의 특이했던 머리색이 아직도 선명하게 기억되어 남겨졌다.

빛바랜 청춘의 그리움에 돌아보기도 하며 이제 갈 수도 볼 수도 없는 나의 젊음이다. 나도 분명히 그 시간을 보냈을 텐데 전혀 그 시절 풍경이 떠오르지 않는다. 속절없이 가버린 그 세월을 되돌리고 싶지는 않지만 그 세월과 함께 가버린 푸른 젊음이 있어 안타깝긴 하다.

녹색 풍경 속을 걸어보니 더없이 마음에 풍요로움을 느낀다. 이상 무엇을 더 채워 넣을 필요가 있을까 싶다. 따뜻한 햇살이 찾아드는 샛길에는 철모르고 피어난 작은 꽃들이 지천으로 피어 있다. 때맞추어 피어난 들국화와, 계절을 착각했는지 봄꽃인 노란 민들레도 길 따라 피어 있고, 보랏빛 쑥부쟁이도 길손을 반겨준다. 가지가 휘어지게 주렁주렁 달려 있는 황금빛 밀감도 입맛 다시게 한다. 이 계절 오로지 남쪽 제주도에서만 볼 수 있다.

누구나 삶에서 고통은 일어난다. 어차피 부대끼게 되는 마음의 관계도 아직은 무심하지 못하니 살짝 힘들다. 마음이 버거우면 몸이 아프다. 험난한 길은 걸을수록 고통은 발끝에 모인다. 돌길에 아픔을 눌러 놓는다. 상처에 아파하지 말고 실패에 실망하지 말 것이다. 잠시 아플 것이고 잠시 화가 날 것이다. 그 순간이 지나면 다시 비 온 뒤 물기 먹은 초록의 싱그러움처럼 다시 맑아질 것을.

무한한 자연의 사랑을 받으며 길을 걷는다. 파도가 하얗게 부서지며 끝없이 밀려오는 짙푸른 바닷길을 묵묵히 걷는다. 수억 년을 견뎌온 그대로의 자연 앞에서 이토록 편안한 영혼을 무엇으로 더 꾸밀 수 있을까. 길을 걷는 고통은 있어도 가슴에 번져 드는 감동은 크다. 숲 사이로 비껴드는 햇살은 천상에서 내려온 한줄기 메시지인 듯, 성스럽고 신비스럽다. 마음은 영원한 청춘이고 싶다. 아직 이루고 싶은 꿈도 있다. 더도 말고 덜도 말고 이대로 더 활기차게 살아볼 일이다. 잠시 풍경에 취해 멈추었던 발길을 내디딘다.

내 영혼의 자유로움으로 걸어 낸 길 끝에 선다. 오늘도 마음속에 초록 쉼표 하나 찍는다.

우도봉 116.8 × 80.3 oil on canvas 2014

나만의 퀘렌시아

첼로 연주 선율이 내 시선을 텔레비전 화면으로 이끈다. 연주자의 손에 쥔 활이 우아하게 줄을 긋는다. 울림통에서 흘러나오는 소리가 잔잔하고 감미롭다. '바람이 분다'는 여자 가수의 감성적인 보이스를 담아 불렀던 노래다. 노래로는 익숙했지만 첼로 연주는 낯설다. 특히 바람이 부는 바닷가를 배경으로 연주한 탓일까. 부드러운 선율이 가을을 부르는 듯 내 귓가에 젖어 든다.

살다 보면 삶에 크고 작은 파도는 밀려오기 마련이다. 누구라도 육신이 고달프고 삶이 힘든 시기가 있다. 예측할 수 없는 일들이 일어나기도 한다. 가장 소중했던 것이 상실되고 실패하는 일도 생겨난다. 심장이 무너지는 듯한 비껴갈 수 없는 운명이라 여겨지는 일들도 마주하게 된다. 마음의 리듬을 잃지 않으려고 용을 써보지만 아직도 불편하게 하는 감정들이 불쑥불쑥 차오른다. 나른하고 갑갑한 일상이 지속되면 잠시 숨 고르기가 필요하다.

태어난 곳이 바닷가라서 그럴까. 바다는 잘 찍은 사진을 보거나 생각을 떠올리는 것으로도 좋다. 바닷가에 서면 밀려오는 파도는 마음에 채워진 온갖 잔상들을 모래를 훑고 지나가듯 다 쓸어 밀고 간다. 바다를 만나면 마음이 편안하고 위로를 받고 다시 내일을 살아낼 힘을 얻는다.

얼마 전 지인으로부터 건네받은 책을 읽었다. '스페인 투우장 한쪽에는 소가 안전하다고 느끼는 구역이 있다고 한다. 투우사와 싸우다 지친 소는 자신이 정한 곳에서 숨을 고르고 힘을 모아 기운을 되찾는다. 그곳에 있는 동안 소는 어떤 두려움도 느끼지 않는다고 한다. 소만이 아는 그 장소를 '퀘렌시아'라고 한다.' 즉 피난처, 안식처라는 뜻이라고 할 수 있다.

종종 길을 걸었다. 자유는 과거와의 결별에서 온다 했다. 새는 날아가면서 절대 뒤돌아보지 않는다는데 나는 허구한 날 걸어도 늘 왔던 길을 돌아보게 된다. 과거를 내려놓고 현재를 붙잡는 것이 지혜로운 삶일진대, 지난 세월이 너무 아파서, 아니면 못다 한 아쉬움이 있어, 아마도 사랑했던 사람들이 거기에 있기 때문일 게다. 그런 이유로 마음은 자꾸 지나온 길에서 서성이고 있다. 뒤돌아본다고 해서 그곳에는 내가 원하고 바라는 것은 아무것도 없다. 다만 헛헛하고 공허만 가득할 뿐이다. 그냥 돌아서서 남은 길을 걸어가면 될 것을.

비껴드는 햇살이 살찌운 울창한 초록 숲, 누가 가꾸지 않아도 제멋대로 피어난 길가의 해맑은 꽃들, 어디를 걸어도 옆으로 따라오는 푸른 바다가 있다. 그러고 보면 어느 길에서도 나 혼자는 아니었다. 많은 것들과 함께

하는 길이다. 생각하면 모든 것을 잃은 것은 아니었다. 길 위에 서면 다시는 만날 수 없는 인연들을 떠올리면 그래도 행복했던 순간들이 있었기에 추억으로 남아 있다. 그곳을 찾아가면 혼자가 아니라는 생각에 절대로 외로울 수가 없는 이유다.

낯선 길에서 낯선 풍경들이 나를 걷게 한다. 경이로움에 휩싸여 다른 세상 한가운데 있는 듯하다. 먼 길을 걸어 내는 동안 죽을 만큼 힘들어도 완주했을 때의 뿌듯함도 얻는다. 막힌 숨이 트이고 다시 생의 에너지가 생겨난다. 평생 시리고 아플 것 같았던 마음의 상처도 아물어지고 서서히 새살이 돋아난다. 달고 왔던 세상 근심이 어느새 간 곳이 없어진다. 그래서 내가 살아 있음을 느낀다. 그곳을 찾아가면 언제나 활기찬 내가 서 있는 것이다.

바람에 떠밀려 건잡을 수 없는 마음의 풍향계가 향하는 곳이다. 걷는 동안 남은 길을 걸어 내야 할 방향을 잡고 삶의 의욕을 얻게 된다. 온전히 나를 위해 찾아가는 곳, 눈부시게 하는 이 모든 것들이 나를 그곳으로 향하게 한다. 지친 소가 잠시 안전한 곳에서 숨을 고르듯 어쩌면 나의 삶이나 소의 생이 한 치도 다르지 않다.

이제 첼로 연주도 끝으로 가는가 보다. 아쉬움에서일까. 어느새 내 목소리가 선율을 타고 있다.

나의 이별은 잘 가라는 인사도 없이 치러진다
세상은 어제와 같고 시간은 흐르고 있고
나만 혼자 이렇게 달라져 있다

내게는 천금 같았던 추억이 담겨져 있던
머리 위로 바람이 분다
눈물이 흐른다

– 이소라의 '바람이 분다' 가사 일부

첼로 활이 천천히 선을 그어 길게 내린다. 연주자의 시폰 드레스 자락이 바람을 타고 하늘을 향해 자유롭다. 이제 여름 기세도 힘을 잃었나 보다. 가을의 소리가 들리는 듯하다.

힘들고 지칠 때 자연이 펼쳐내는 길에서 마음이 한없는 평화를 얻는 곳. 내가 걸었고 앞으로도 걷고 싶은 곳. 잠시 숨 한번 고른 후 가벼워지고 편안해지는 내가 되는 곳이다. 그곳이 나만의 퀘렌시아인 것이다.

회생

고목은 지역의 큰 어르신이나 매한가지다. 긴 세월 변함없이 마을을 지켜온 든든한 버팀목이기도 하다. 사람들은 노거수를 믿음의 대상으로 신성시 여겨 안녕과 무병장수를 기원한다.

넓디넓은 부산이다. 살펴보면 나무 한 그루 옮겨 심을 곳이 없었겠는가. 부산의 최고령인 600년 회화나무가 재개발 바람으로 가지가 뭉텅 잘리고 뿌리가 뽑혀 유배된 지 일 년이 훌쩍 지났을 즈음이다. 쫓겨난 나무가 진주 낯선 비탈진 곳에 방치되어 고사 직전이라 한다.

노거수는 결코 하찮은 수목이 아니다. 그 지역을 말해주는 역사다. 말 못 하고 스스로 움직이지 못하는 늙은 나무라고 아무렇게나 핍박해도 되는지. 하필이면 내가 사는 곳 가까이 있었던 나무라 안타까운 마음이 더한다. 재개발되면 삶이 녹아 있는 터에서 쫓겨나는 운명은 사람에게만 있는 게 아닌가 보다.

지난겨울이다. 재개발 철거 현장을 지나칠 때다. 마침 노거수 처리 문제의 현장이라는 생각이 스쳤다. 마을의 지킴이 회화나무가 재개발로 인하여 존치냐 이식이냐, 아니면 베어져 사라지게 될 위기에 처해 있다는 신문기사가 떠올랐다. 나무의 현 상태가 무척 궁금했던 터다. 호기심이 생겼다. 둘러친 울타리에 찢어신 구멍으로 철거 현장을 들여다봤다. 모두 뜯겨나간 현장은 황폐했다. 잎 떨어낸 회화나무만 앙상한 모습으로 매섭게 휘몰아치는 겨울바람을 견뎌내고 있었다.

포클레인 횡포는 가혹했다. 바람막이가 되어 주던 이층집과 벽돌집도 속절없이 무너뜨렸다. 아랫집 윗집이 자리했던 터들이 울퉁불퉁하다. 재개발이라는 미명 아래 철거된 현장은 거칠고 삭막하여 황량하기 그지없다. 괴물이 된 포클레인은 최대한 몸을 낮추었다. 마지막 남겨진 노거수를 호시탐탐 먹잇감으로 노려보며 기회를 엿보는 야수 같았다. 달려들어 한 방에 찍어서 목숨을 앗을 강한 발톱은 잠시 접어두었다. 그날 괴물이 된 대형 포클레인과 마주한 위기의 노거수를 보았다.

주민들은 철거 얼마 전까지도 무당을 불러 나무 아래서 굿판을 벌였다고 한다. 사람들도 살던 곳에서 나무처럼 뿌리가 뽑혀 제각각 뿔뿔이 흩어지게 된다. 그들은 고목에 낯선 곳에서의 편안한 삶을 간절하게 빌었을 테다.

전국에는 국가가 지정해서 보호를 받는 나무들이 있다. 정이품 소나무, 용문사 천백 년 은행나무와 부산 기장에도 천삼백 년을 훌쩍 넘긴 전국 최고 오래된 어르신 나무가 있다. 나무가 600년의 긴 세월을 살아내기란 쉽지 않다. 마을 사람들과 같이한 회화나무는 그 자리에 지어지는 아파트의 한 동보다 더한 가치를 지닌 역사이고 문화자원이다. 개국공신이 심은 나무가 아니라서, 보호수나 문화재로 지정된 게 아니어서 법적 보호를 받을 수 있는 상황이 아니라 안타까움이 더한다.

큰형님 집도 재개발로 이미 보상까지 받은 상태다. 이웃에는 홀로 계신 구순을 넘긴 노인분이 있으셨다. 몸도 정신도 건강했다고 한다. 며칠 동안 보이지 않아 궁금했다는데 자식들이 어느 요양원으로 모셨다는 소문을 들었단다. 이웃들과 작별 인사도 없었다. 큰형님은 노인의 안부를 궁금해 하신다. 그러고 보면 노인과 노거수의 생이 한 치도 다를 바가 없다.

얼마 전 고향에 갔다. 일찍이 자식들은 객지로 떠나고 친척 노인 몇 분만 살고 계신다. 인적 드문 마을은 휘휘하다. 그러나 곰솔나무는 변함없이 마을 중심에 서서 쓸쓸한 고향을 묵묵히 지켜내고 있다. 소나무의 수령이 삼백 년이 되었을까. 여전히 푸르고 싱싱한 모습 그대로 객지에서 찾아오는 이들을 낯설지 않게 반겨주는 고마운 나무다.

무성한 청솔 그늘은 농사일을 의논하는 어른들의 쉼터이고 아이들의 놀이터였다. 단옷날이나 정월 대보름이면 처녀와 총각들은 소나무 가지에 밧줄을 매어 그네를 뛰었다. 그런 날이면 시집온 새댁들도 수줍음을 머금은 채 살포시 그네에 올라 다홍 치맛자락을 허공에 날렸다.

소나무는 마을의 모든 것을 다 알고 있다. 북망산천 떠나던 분들도 이 나무 아래를 거쳐 가야 했다. 내 어릴 적 아버지 꽃상여도 이 나무의 배웅을 받았다. 철부지 어린 내가 신나게 꽃상여 뒤를 따랐던 기억만은 오롯이 남아있다. 후로 큰아버지 큰엄마도, 내 엄마의 한 많았던 생의 마지막 길도 이 곰솔나무를 지나 평생을 그리워했던 아버지 곁으로 떠났다. 청솔가지에 바람이 부니 거북등처럼 껍질이 갈라진 나무가 꿈틀거린다. 덩치가 한 아름 더 큰 듯한 소나무를 안아본다. 추억의 소리가 들린다.

전생에 무슨 죄를 지어 이렇게 죽지 않고 오래 산다는 어느 할머니의 푸념을 들은 적이 있다. 젊어 자식들을 위해 부모로서 치열하게 살았던 허접한 대가의 섭섭함인지. 노년이 길어질수록 견뎌야 할 외로움과 슬픔은 더 늘어진 듯하다. 백세시대에 오래 산다고 모두에게 축복받는 일은 아닌 것 같다. 노거수도 너무 오래 살아 죄가 된 것일까.

논란이 불거지자 최근 관할 구청 의회 의장과 조경 전문가와 함께 노거수가 이식된 현장을 살펴보았단다. 다행히 이식된 노거수 생육을 꾸준히 확인할 것을 약속했다. 그리고 나무 생육이 안전 상태에 들어가면 다시 부산으로 재이식하는 방안도 추진될 계획이라는 반가운 소식을 전하는 신문을 읽었다. 한 언론사의 끈질긴 관심 덕분이다.

그래서일까. 진주로 유배시킨 노거수가 일 년 만에 새순이 돋았다는 반가운 소식을 들었다. 죽을 만큼 모진 고통을 견뎌낸 600년 노거수가 거룩한 회생을 하고 있다.

랩소디 41 × 41 oil on canvas 2014

봄의 한날, 추억 한 장

잠깐 외출했다 돌아오는 길에서다. 잔뜩 흐린 날씨와 달리 아파트 입구에는 뭉게구름처럼 만개한 벚꽃으로 환하다. 며칠 전만 해도 겨울의 흔적이 앙상한 잔가지에 남아있었다. 겨울 떠난 자리에 펼쳐내는 꽃의 향연이다.

오늘 남천동 벚꽃 완전 만개.
오늘 밤 비 온다 캐서 내 발로 타박타박. 비속 벚꽃 감상했어요.
비 오면 이 꽃잎들 모두 꽃비 되겠어요.
벌써 꽃비 맞았어요. 바닥에 온통 꽃잎이 생선 비늘처럼.
아까버라.
꽃잎은 하염없이 바람에 지고~~
영감이 그때
이 꽃을 내년에 또 보겠나 그카드마!
눈물 쏟아 뿌까요? 비 핑계하고.

샘 맹키로 노래나 부르죠~~

아고~ 선생님 오늘 영감님 생각에 혼자 벚꽃 나무 아래를 하염없이 걸었는가 보네요.

시란 '나 아프다'는 말을 아름다운 노래로 하는 것, 신달자.

혼자 가지 말고 같이 갔음 덜 슬퍼실 낀데. 전화하지요.

내년에는 그랍시다.

슬픈 맘 가라앉히고 편안한 밤 되세요.

이른 저녁 네 명의 단톡방에 올려진 문자들이다. 언제나 만개한 벚꽃처럼 환한 그녀다. 내색 없던 그녀도 꽃잎 떨어지는 봄날에 그냥 지나칠 수 없어서일까. 오늘 비를 맞으면 벚꽃길에서 남편과의 추억을 되새김하고 있었나 보다. 그 마음을 헤아리지 못하고 장난스럽게 짧은 문구를 올리다가 아차 하고 말았다. 그녀가 처음으로 깊이 숨겨두었던 추억 한 장면을 펼쳐낸 것이다.

비 오는 저녁나절 벚꽃나무 아래에 서성인 마음을 뒤늦게 눈치채고 말았다. 십대의 감성도 아니다. 봄날의 젊은 청춘들의 '벚꽃엔딩' 노래처럼 데이트 추억을 되새김하는 감성 젓기도 아니다. 젊음의 소유물이 아니듯, 나이 든 사람의 사랑도 많이 아프다. 단톡방에 농담처럼 올려 진 그녀의 짧은 문구에 마음이 애잔하고 가슴이 저려온다.

영원한 이별에는 평생 흐려지지 않는 선명하게 떠올릴 수 있는 추억이 있다. 만개한 벚꽃나무 아래를 거닐며 남편과 나눈 추억이 그럴 것이다. 그녀의 남편은 다시는 보지 못할 풍경을 바라보며 예측하고 있었을까. 오늘 벚꽃길을 다정하게 걸었던 추억이 떠올라 그냥 집에 머물 수 없었나 보다.

이별 후 남겨진 사람들은 추억을 안고 아무렇지도 않은 것처럼 매일 하던 일을 하고 매끼마다 밥을 먹는다. 그런 생을 알면서도 지치도록 최선으로 살아내는 것이 또 남은 자의 일이다.

그리움이란 모든 추억을 간직한 것이다. 그녀는 떠난 이와 같이했던 추억을 되새김하며 입가에 실없이 미소도 지었지 싶다. 그 순간 봄바람에 꽃잎도 부서지면 웃었을 게다. 그러다 꽃잎 휘둘리는 길에 서서 눈물도 흘렸지 싶다.

부군이 떠난 지도 벌써 두 해가 지났다. 남편과의 사별마저도 믿는 신께 의지하며 언제나 유쾌하고 편안하게 보였다. 그런 선생님이 오늘은 마음을 내색한 것이다. 벚꽃이 만개하니 남편과의 한날이 떠올랐나 보다. 홀로 외롭고 쓸쓸했을 그 마음이 전해진다. 사람들은 각자가 특별하게 여기는 계절이 있다. 나 역시 추억하는 계절이 있기에 그녀의 마음이 더 애틋하게 전해진다.

은행잎이 노랗게 물드는 늦가을의 추억이다. 그와 같이했던 곱게 물든 은행잎을 같은 눈길로 올려다보았다. 내일의 운명을 모르는 채로. 그 순간은 마냥 즐겁고 행복했었다. 마치 노란 나비 떼가 날아오르는 듯한 은행나무 아래서 같이했던 행복도 그가 떠나기 일 년 전이었다. 그런 계절의 추억이 있기에 오늘 그녀의 애틋한 마음이 더해진다.

계절은 단 한 번도 어기지도 빠뜨리지도 않는다. 이 해가 지나가고 다시 봄이 오면 그녀는 만개한 벚꽃 아래를 거닐 것이고 나는 또 늦가을 노랗게 물이 든 은행잎을 바라보면 나무 아래서 서성일 것이다.

추억은 오롯이 남아 있는 자의 몫이다. 시도 때도 없이 떠올리며 그리움으로 살아가게 된다. 그 무엇으로도 채워지지 않는 공허함이다. 이제 꽃이 진 자리에 연초록 잎이 찬란해지면 그녀의 쓸쓸한 마음과 고독과 상념들도 지워지겠지.

드센 비바람이 몰아칠 거라는 일기예보가 적중했다. 밤새도록 벚꽃 잎의 아우성을 들었다. 그녀의 봄의 한날이 비바람에 휘둘리며 속절없이 가고 있다.

이끌림

보고 듣는 소식들이 마음을 갑갑하게 한다. 덩달아 더위까지 득세를 하니 몸이 늘어지고 마음조차 지쳐간다. 수시로 날아오는 긴급재난 문자가 깜짝깜짝 놀라게 하고 더 주눅 들게 한다. 에워싼 일상들이 머릿속을 번잡하게 하면 마음에 그렸던 곳을 찾아가 길을 걷는다.

느긋한 것이 죄를 짓는 것처럼 절박하고 아슬아슬한 때가 있었다. 현실은 늘 빠듯해서 자유롭게 떠나 자연을 즐길 수 있는 시간적 여유가 없었다. 이제는 그럴 시간이 주어졌다. 하지만 작년이 다르고 올해가 다르다는 농담처럼 숨만 쉬어도 세월이 느껴지는 것은 아마도 나이가 들어간다는 의미일 게다.

인적이 드문 약간 경사진 야산 길 초입에 들어선다. 한 발짝씩 걷는 발의 무게가 천근처럼 느껴질 즈이다. 발끝에만 집중하던 시선이 약간 비껴가 예사롭지 않은 모습에 닿는다. 그래도 갈 길이 멀어 한 걸음도 지체할 수 없는 조급한 마음과 달리 더 이상 발길이 앞으로 내디뎌지질 않는다. 뒤에서 뭔가의 힘이 두 다리를 끌어당긴다. 거부할 수 없는 강한 기운에 이끌림이다. 발길을 돌려 몇 걸음 내려가 눈으로 확인하는 순간 두 손을 가슴에 모으며, 아~ 부처님.

내가 언제 누구에게 정신없이 끌려 본 적이 있었나 싶다. 간혹 내 취향에 맞는 옷이나 가정에 필요한 제품에 잠깐 눈길이 끌렸던 적은 있었다. 딱 한 번 맞선을 보던 날 커피숍 문을 열고 들어서던 그를 보던 순간의 끌림. 지금 주체할 수 없는 또 다른 끌림이 나를 빠져들게 한다.

두 삼층탑을 장군처럼 세운 오색 단층 웅장한 대웅전이어야 했다. 법당 연꽃 대좌에 가부좌하고 계셔야 할 부처님이시다. 황금빛을 발하여 뭇 중생들의 어두운 마음 길을 밝혀 주었을 테다. 각자의 기원을 안고 산사를 찾아와 간절한 마음으로 불공을 드리는 도반들에게 자비롭고 인자한 미소로 이상적인 삶의 길로 인도해야 할 부처님이 아니신가. 산기슭에 나와 계신 석불도 평평한 돌방석에 정좌하신다. 그런 부처님이 어쩌다 허름한 모습으로 외진 길옆 질퍽한 자리에 앉아 계실까. 금박이 벗겨진 피부는 얼룩지고 검버섯이 돋은 듯하다. 온몸은 너덜너덜 남루하기 그지없다. 햇살을 쏟아내는 늦여름 대낮인데도 앉은 자리가 음습하고 눅눅하다. 습기 찬 흙바닥에 앉아 있어도 흐트러진 모습이 아니다. 오래전 부처님을 원망했던 나를 깨우치려 처연한 모습으로 기다렸을까.

삶이란 남에게 피해 주지 않고 게으름 피우지 않으며 사는 것이라 생각했다. 그런 정신으로 열심히 목적한 바를 하나하나 이루어 내는 것으로 족

했다. 힘든 시기도 있었지만 누구의 도움도 바라지 않았다. 정신적인 위로가 된다는 신앙도, 신이 베풀어 준다는 요행도 원하지 않았다. 든든하게 여기는 종교가 없어도 세상살이 별문제 없다는 자신감은 충만했다.

살아오면서 종교를 접한 적이 없지는 않았다. 어릴 때 크리스마스가 다가오면 또래 친구들과 어울려 다녔던 교회, 불심이 대난하셨던 큰형님의 명을 따라서 제법 오랫동안 절에 가서 부처님을 뵙기도, 성당 성모마리아님께 묵주기도도 드리긴 했다. 하지만 종교란 몸에 맞지 않는 옷을 입은 것 같았다. 세상살이하다 보면 어디 완벽하게 살아질 수 있을까만은, 그래서 성실한 종교인들에게는 미안하고 죄송한 마음이 없지는 않다. 그렇다고 해도 간혹 종교가 정한 계율이나 율법을 크게 벗어나도 능청스럽게 살아가는 사람들을 흔히 보아온 터다.

온 열정을 쏟아부었다. 새로운 기법으로 예술적 가치가 승화되어 가장 활발하게 펼쳐지고 있던 바로 그때였다. 이제부터 누리는 삶이라 여겼다. 추상적으로 여겼던 비극이 그에게 다가온 것이다. 사람을 살리는 명의의 의술도, 부처님, 예수님이 행한다는 기적도 일어나지 않았다. 나조차도 어쩌지 못하는 생의 허무함. 신이 있다면 무슨 자격으로 이렇게 혹독한 시련을 줄 수가 있을까. 엎드려 빌며 애원하는 나에게 이렇게 모질게 하는 것은 아니지 싶었다. 사람들이 진심으로 믿고 따르는 신마저 공평하지 않다는 생각에 화가 났다. 그때는 그랬다. 하지만 운명이란 것이 인간의 생을 가지고 장난질할 때면 신도 어떤 능력자도 무력하다.

세월이 약이라 했던가. 모든 것은 마음먹기에 달렸다고 하듯, 이제는 몸도 마음도 안정되고 편안하다. 그래도 간간이 느껴지는 공허함은 있다. 그럴 때면 유일하게 떠나서 걷던 길이었다. 돌이켜보니 세상 거칠 것 없이 자신만만하게 살았던 내가 상황이 급하다고 막무가내 절과 교회를 찾아가 매달리고 애원했으니 부처님, 예수님도 참 황당했으리라.

애초부터 태어나면 생의 끝은 있게 마련이다. 누구도 그 끝을 피해 천년 만년을 살았다고 들은 바도 기록을 읽어 본 적도 없다. 부처님도, 예수님도 피할 수 없었던 사람의 생이 그런 것을. 누구를 탓할 일은 아니지 않은가. 깨우치고 성찰할 일이다.

"부처님! 무지했던 저를 용서하소서."

차마 마주 뵙기에 면목이 없다. 푹 수그린 고개를 살그머니 들어 본다. 처음 마주했을 때보다 얼굴에는 더한 부드럽고 너그러운 미소가 가득하시다. 부처님께서 거칠고 꼬이고 탁해진 나를 어루만져 다독인다.

스스로가 만들어 살아온 세상살이가 아니더냐. 누구를 더 이상 원망하며 살겠느냐 물으신다. 생과 사는 뜬구름 같은 것, 누구라도 그럴 것이니 집착하는 마음을 내려놓으라신다. 오기도 아집도 다 내려놓고 남은 생을 가볍게 살라 한다.

다시 길을 걷는다. 남은 길을 걷는다.

제4부 상상 여행을 떠나 봐요

Heavy rain 37.9 × 45.5 oil on canvas 2019

베란다 텃밭

채소들이 제법 풋풋하게 자란다. 이렇게 사랑스러울 수가 없다. 베란다 텃밭에 머무는 시간이 늘어간다. 내가 무엇에 빠져본 적이 있었던가 싶다. 텃밭에 있는 이 순간만은 세상에서 더는 부러운 것이 없을 듯하다.

일상에서 포기해야 할 것들이 많아지는 요즘이다. 몸이 나른해지고 뭔가 채워지지 않은 허전함이 있다. 무료한 시간이 반복되니 별생각을 다 하게 된다. 사람이 나이가 들어가면 추억으로 산다더니 근래 부쩍 옛 고향 텃밭이 떠오른다. 엄마와 함께했던 그때가 생각난다. 어린 시절 풍경들도 막 찍은 사진처럼 선연하게 펼쳐진다.

오래전 고향 집에는 제법 넓은 텃밭이 있었다. 마늘이며 상추랑, 시금치와 감자 등 계절 따라 다양한 종류들이 짙은 초록으로 물들어갔다. 엄마의 정성으로 기른 윤기 나는 채소 잎들은 꽃보다 더 찬란했다. 특히 텃밭 울타리를 타고 오른 줄기 마디에는 싱싱한 오이들이 대롱대롱 달려 있었다.

엄마는 오이 하나를 뚝 따서 몸빼바지에 가시를 쓱쓱 문질러 주었다. 한입 크게 베어 물면 아삭하고 상큼했다. 반질한 보라색 가지도 따 먹었다. 달짝지근하지만 혀끝은 아릿했다. 어린 시절 즐겨 먹던 간식거리였다. 이런 즐거움이 있어 자주 엄마를 따라 텃밭을 다녔다.

봄이 시작되는 이때쯤이면 우리 집 텃밭에는 무장다리가 보라색 꽃을 피웠다. 덩달아 배추도 노란 꽃을 피워 나비를 불러 모은다. 팔랑이는 하얀 나비를 쫓아 텃밭 이랑을 따라 폴짝이며 뛰어다녔다. "네 에미 치마꼬리를 꼭 붙잡고 다니기라." 친척 할머니 말의 의미도 모르면서 엄마가 좋아 졸졸 따라다녔다. 삼십 대 초반 그때의 엄마도 텃밭의 푸른 오이처럼 싱그러웠고, 보라색 가지처럼 윤이 나고 부드러웠다. 외롭고 힘들었을 엄마와 달리 철부지인 나는 엄마가 곁에 있어 마냥 즐거웠다. 살아낸 생을 전부 되돌려본다 해도 그 시절만큼 평화롭고 행복했던 적은 없었지 싶다.

외출에서 돌아오는 길에 노인이 쪽파 뿌리를 팔고 있었다. 무작정 한 소쿠리를 샀다. 베란다 빈 화분마다 흙을 채우고 적당한 간격으로 쪽파 뿌리를 심었다. 물도 골고루 뿌렸다. 얼마 전 상추씨를 심었다. 작은 떡잎들이 오종종히 올라왔다. 뿌듯하기도 하고 싹을 틔운 떡잎이 신기하기도 했다. 기쁨은 거기까지였다. 떡잎 줄기가 콩나물처럼 웃자라더니 힘없이 쓰러져 말라버렸다. 실패한 경험은 있었지만 이번에 다시 쪽파를 심어보기로 했다. 그런데 쪽파는 달랐다. 일주일쯤 지났을까. 여린 잎이 반 뼘 정도 자랐다. 꼿꼿하게 잘 자라는 모습이 기특하고 대견했다. 온통 쪽파에 정신을 쏟다 보니 공허감도 어느새 사라졌다.

아침이 달라졌다. 금방 잠을 깬 얼굴에 미소가 한가득하다. 베란다 구석 채소는 이른 새벽 자연이 내려주는 이슬을 머금고 자라는 환경은 아니다. 그런데도 쪽파는 기운차게 쑥쑥 자란다. 갓 백일 지난 예쁜 손녀에게 눈을 뗄 수 없었듯 시도 때도 없이 베란다를 기웃거렸다. 점점 초록빛이 무성해진 파 사진을 찍어 가까운 분들에세 올렸다. 성격상 대놓고 자식 자랑은 못 해봤지만 기운차게 잘 자라주는 쪽파를 자식처럼 여기는 어미가 되어 온 사방 카톡에 올려 자랑하는 팔푼이가 되었다.

다 자란 파를 뽑으니 양이 제법 많다. 텃밭 농사 첫 수확이다. 마음 가는 두 분 선생님께도 나누어 주었다. 파김치도 담갔다. 내가 키운 채소라서 인지 사시 딤가 먹었넌 맛과는 확연히 다르다. 연하고 아싹한 더 깊은 맛이다.

얼마 동안은 마음에 커다란 공간이 생겼다. 무엇으로도 채울 수 없는 공허함이었다. 오랫동안 했던 꽃꽂이도 접었다. 지금 나에게 주어진 상황이 그랬을까. 몇 날을 즐기자고 꽃줄기를 가위로 자르는 것이 싫었다. 화분에서 예쁘게 피었던 꽃들이 금방 시들어가는 모습도 보기에 허망했다. 더욱이 처절하게 느껴진다. 그때부터 베란다에는 사철 초록 화분만 두었다.

채소 농사에 자신감이 생겼다. 초록 화분을 밀쳐두고 본격적으로 베란다 텃밭을 만들기로 했다. 이번에는 부전시장에 가서 배추와 상추 모종을 샀다. 거름 몇 봉지와 넓은 화분도 두 개를 장만했다. 배추 모종이 잘 자라 속잎을 꽉 채워주는 야무진 상상도 해본다. 잎이 풍성하게 자라면 입맛 당겨줄 붉은 상추도 촘촘하지 않게 심었다. 부추 씨앗을 심고 쪽파 뿌리도 다시 심었다. 이렇게 나의 텃밭이 완성되었다. 두 식구의 김장거리가 되려나. 심어 놓은 어린 모종들이 잘 자랐으면 좋겠다. 지저분해진 베란다를 깔끔하게 정리하고 나니 다리가 아프고 허리도 뻐근하다. 베란다 텃밭이라지만 농사짓기는 역시 만만하지 않다.

속잎을 채워가는 텃밭 채소들을 둘러본다. 어제는 구멍 숭숭 뚫린 배춧잎을 살피다가 통통해진 배추벌레도 한 놈 잡았다. 완전 유기농으로 기른다는 농사꾼의 자부심도 크다.

많은 것을 누리고 사는 것을 부러워한 적은 없다. 하지만 한적한 곳에 작은 텃밭이라도 소유한 지인들은 부러웠다. 모든 것은 마음먹기에 달렸다고 한다. 몇 개의 화분마다 몇 가지 채소들이 심어진 베란다 텃밭만으로도 뿌듯하다. 넓디넓은 텃밭을 가진 농부의 마음인들 이처럼 넉넉하고 푸근할까.

다음 외출 때는 시장에 들러 고추와 방울토마토 모종을 사 와야겠다. 즐겨 먹는 들깨도 심어봐야지. 재배하고픈 종류들이 늘어난다. 농부의 욕심이란 이런 것일까.

소국 53 × 28

상상 여행을 떠나 봐요

코로나로 온 세상이 자유롭지 못해요. 한 번도 겪어보지 못한 희한한 세상을 살아본다며 아우성들입니다. 참아내기 힘든 혹염으로 매년 겪던 겨울 한파도 잊힌 듯 기억조차 얼른 떠오르지 않습니다. 더위에 지친 일상이 지속되니 온몸이 처지고 무기력해집니다. 이런 날들을 어떻게 견뎌낼까 싶네요.

잠시, 몇 해 전에 다녀왔던 눈이 많이 내리기로 유명한 일본 홋카이도 여행을 떠올려 봤어요. 광활하게 펼쳐진 백설 풍경을 원 없이 보았답니다. 온통 하얀 눈을 뒤집어쓴 오타루 시계탑과 작은 건물이며 흰 나무들이 펼쳐내는 풍경이 마치 크리스마스 그림엽서 같았지요. 그리고 '닥터 지바고' 영화 장면이 펼쳐내는 시베리아 거친 눈발이 휘몰아치는 설경도 회상해봤습니다. 내 휴대폰에는 지난겨울 여행 때 찍어 저장해 두었던 눈 쌓인 사려니숲 풍경들도 쥘부채처럼 펼쳐져요. 지금 더위로 땀은 나지만 겨울은 생각만으로 시원함이 느껴지네요. 그래서 집콕에서 벗어나 한더위가 감히 좇아오지 못할 시린 겨울로 상상 여행이라도 떠날까요.

도시가 불가마처럼 뜨거워도 그늘을 찾아 마음 놓고 외출하기도 어려운 현실이랍니다. 그러나 상상 여행은 마음 내키는 대로 자유롭게 떠날 수 있어 좋아요. 사람과의 거리 두기는 아무 상관 없답니다. 마음 가는 이들과 동행하지 않아도 전혀 두렵거나 외롭지 않을 거예요. 이것저것 챙긴 캐리어도 필요하지 않아요. 더구나 여행하는 동안 교통비와 숙박료는 일체 무료가 되겠습니다. 문제될 게 하나도 없어요.

때맞추어 가는 날이 장날입니다. 울창한 사려니숲에 솜구름이 내려앉은 듯합니다. 온통 하얗게 변해버린 숲이 마치 꿈속인 듯 경이롭고 환상적입니다. 모처럼 백설로 뒤덮인 풍경을 보는 순간 정신없이 빠져듭니다. 그런데 입구에는 출입 통제라는 팻말이 붙어있어요. 이미 출입구 차단막도 내려진 상태입니다. 간밤에 폭설이 내린 탓이지요.

겨울 풍경으로는 이만한 그림 소재를 접하기 힘들어요. 더구나 눈이 귀한 부산에서는 이런 설경을 볼 수 있는 기회가 쉽지 않아요. 구도를 잡아 카메라에 담는다면 내년 아들 개인전에는 혼신으로 그려진 설경 몇 작품 걸릴 것 같습니다. 그런데 통제라니요. 이대로 돌아서기란 너무 아쉬워요. 관광객들은 특히 청춘남녀들이 눈 내린 겨울 숲을 보려 몰려왔네요. 그들은 관리자의 말에 쉽게 포기하고 승용차를 타고 별 미련이 없는 듯 떠나더군요. 젊은 저들이야 많은 날이 주어졌으니 마음만 먹으면 해마다 와 볼 수 있는 풍경일 테니까요.

낯선 사람 앞에 소심해지는 성격인 내가 어디서 그런 용기가 생겼는지 모르겠습니다. 자식 위한 엄마의 대책 없는 마음인가 봅니다. 관리자분께 다가갔지요. 그리 멀리 들어가지 않고 눈 풍경 몇 컷 찍고 싶으니 입산 허락을 부탁했지요. 미끄러져 다칠 수 있는 험한 길이고 혹 멧돼지가 출몰할 수 있으니 너무 깊은 숲으로는 들어가지 말라면서 허락하네요. 천만다행입니다. 간절한 마음이 통했나 봅니다.

인적 없는 하얀 숲이 고즈넉합니다. 약간의 눈발이 날리니 숲속 풍경에 운치를 더하네요. 눈길을 걸어보기란 얼마 만인지요. 머릿속이 맑아지고 마음이 하얗게 정화되는 느낌입니다. 마치 솜이불을 펼쳐 놓은 듯 순백의 눈 위를 마음껏 뒹굴고 싶어집니다. 하지만 하고 싶다고 다 할 수 없는 것이 나이 든 여자의 행동이니까요. 멋진 설경에 무뎌졌던 감성도 마구 넘쳐나요. 그래도 눈이 무릎까지 쌓인 길을 걷기란 여간 힘들지 않습니다. 몇 차례나 넘어지고 미끄러져도 동심으로 돌아간 듯 마냥 즐겁기만 합니다. 눈 속을 헤치면 깊이 들어갈수록 욕심나는 멋진 풍경이 마구 펼쳐집니다. 여기저기 작품이 될 만한 구도를 잡아 정신없이 카메라에 담아 봅니다.

문득 걸어왔던 눈길을 되돌아봅니다. 아무도 없는 눈 쌓인 숲길에 내 발자국만 오롯이 남겨졌네요. 풍경에 홀려 약속과 달리 제법 먼 곳까지 온 듯합니다. 깊은 숲속에 혼자라는 생각이 들자 갑자기 온몸이 오싹하고 무섬증이 엄습합니다. 덩굴진 나무 사이에서 허연 입김을 뿜는 검은 멧돼지가 씩씩거리며 튀어나올 것만 같아요. 위험하니 너무 먼 곳까지는 들어가지 말라는 관리자의 말이 이제야 생각납니다. 급한 마음에 발이 푹푹 빠지는 산길을 정신없이 되돌아 간신히 매표소에 도착했습니다.

눈 속을 헤맸으니 신발이 다 젖어 버렸지 뭡니까. 긴장이 풀리니 얼은 발이 아리네요. 바람이 세기로 유명하다는 제주도라지만 사려니숲의 바람은 왜 이렇게 살을 에듯 시린지요. 온몸이 사시나무처럼 떨리고 어금니가 저절로 부딪칩니다. 너무 떨다 보니 한여름 뙤약볕이 아무리 작열해도 덥다는 말은 하지 않을 것 같아요. 그런데 다급하게 현관 벨이 울리네요. 택뱁니다. 굵직한 목소리가 정신을 확 깨웁니다. 화들짝 놀라 손에 쥐고 있던 휴대폰을 떨어뜨릴 뻔했다니까요.

휴대폰을 열어봅니다. 저장해 둔 갤러리 풍경들이 액자처럼 전시되네요. 아들인들 엄마의 깊은 속을 어찌 모르겠어요. 화실에 갇혀 더위에도 자신만의 구도를 잡아 백설 풍경을 그리고 있겠지요. 이번 개인전에는 아마도 하얀색으로 붓질된 작품들이 갤러리를 찾아온 사람들의 시선을 끌어당길 테지요.

오늘도 텔레비전에는 더위의 수치와 덩달아 코로나 확진자도 최고치라고 쌍으로 알립니다. 좀 전 상상 여행에서 했던 마음의 다짐도 무색해지네요. 덥다는 말이 입에서 저절로 나옵니다. 참을성 없는 나는 여름 더위나 겨울 추위는 견뎌내기 정말 괴로운 계절입니다. 더구나 코로나의 피신처는 집밖에 없다며 외출을 자제하랍니다.

그렇다 해도 추억 속에는 지워지지 않는 사려니숲 겨울 풍경이 머물러 있으니까요. 어쩔 수가 없어요. 현실을 피해 갈 방법이 없습니다. 기온이 치솟는 그런 날이면 차가운 그곳으로 상상 여행이나 떠나 보려고요.

장미 53.0 × 33.4 oil on canvas 2016

검은 돌기둥

굽이굽이 산길과 바닷길을 휘돌아 걷는다. 익숙함과 안락함을 버리고 거칠고 낯선 길을 한없이 걸었다. 올레길을 걷다 보면 제주도가 왜 좋은지 왜 아름다운지를 알게 된다. 대자연이 기묘하게 빚어놓은 풍광 앞에 서면 그 순간만은 달고 왔던 세상 시름을 다 내려놓는다.

돌도 절리로 서 있으니 멋지고 아름답다. 파란 하늘과 끝 모를 에메랄드빛 바다와 어우러지니 돌기둥도 매력을 발한다. 바람이 밀고 오는 파도 소리도 경쾌하게 들린다. 해풍이 몰아칠수록 파도가 거칠어질수록 이보다 더한 풍경이 있을까 싶다. 웅장하고 장대하다. 마치 정교하게 깎아 다듬어 세워놓은 듯 육각형 돌기둥이 겹겹이 우뚝우뚝 솟았다. 높은 절벽으로 펼쳐진 풍광에 천혜의 위대함과 절묘함을 동시에 느낀다. 제주 첫 여행에서 마주했던 '대포 주상절리'다.

풍경을 만나기 전 마치 짐승의 울음 같은 소리가 들렸다. 설렘에 가슴이 먼저 쿵쿵거렸다. 하필 그날따라 비바람이 세차게 몰아쳤다. 흥건하게 젖은 나무 계단이 여간 조심스럽지 않았다. 여기서 미끄러진다면 천 길 벼랑 아래 바닷속이다. 갈지 자 나무 계단을 한참 내려가서야 보게 된 주상절리다. 환상적인 풍광에 넋을 놓고 바라보았다. 광활한 바다를 마주한 채 비를 맞고 선 검은 절리가 더 신기하고 기묘하다. 수직 육각형 돌기둥들이 서귀포 중문 해안을 따라 일정하게 촘촘하게 서 있다. 눈 아래로는 마치 육각형 타일을 깔아놓은 것처럼 거북등 모양의 절리도 볼 수 있다. 아무리 솜씨 좋은 조각가라도 빚어낼 수 없는 자연이 만들어 놓은 거대한 조형 작품이다. 눈으로 보고도 믿어지지 않는 웅장함에 온몸에 전율이 느껴진다.

'25만 년 전 분화구에서 분출한 용암이 흘러 냉각될 때 육각형 형태로 형성되었다'는 입구 안내표지의 설명이다. 하지만 나는 왠지 과학적인 설명은 믿어지지 않는다. 어느 솜씨 좋은 석공들의 예리한 조각칼로도 이처럼 섬세하고 정교하게 빚어낼 수는 없었을 게다. 차라리 신이 만든 거대한 조형물이라면 믿음이 갈지도 모르겠다. 아니면 어느 바다신의 주술로 만들어 놓은 신의 궁전으로 심증이 가니 말이다. 또는 변덕스러운 신의 장난질로 여겨진다. 심심하고 무료했던 신은 용암을 뿜어 지옥 불바다를 만들었다가 다시 아름다운 천국 비경을 만들어 놓은 듯하다. 풍광 앞에서 별별 상상을 하게 된다.

탁 트인 푸른 바다. 파도는 끝없이 밀려와 부딪치기를 반복한다. 온몸이 산산이 부서져 물 가루가 되어도 밀려오기를 멈추지를 않는다. 때론 잔잔하게 다가와서 어루만지고, 때론 현란한 춤사위로 유혹하며 끌어안기를 반복한다. 그러다 집채 같은 파도로 밀려와 더 세고 거칠게 부딪치는 지독한 파도의 절리 사랑이다. 하지만 무심한 모습 그대로 변함없는 돌기둥이다.

이 세상에 영원히 변하지 않는 저런 사내가 있다면 여자의 전부를 걸어도 좋으리라. 되돌아보면 내 모든 것이라 여겼던 바위 같은 그런 사랑 하나 있었건만. 잠깐 꾼 꿈처럼. 사람의 생이란 백 년을 버텨내기는 그리 쉽지 않다. 무쇠처럼 강하게 여겼던 가정의 기둥도 한순간 힘을 잃고 무너져 버렸다. 그도 변함없이 지켜주는 돌기둥이었다면 지금쯤 가슴 아픈 그리움을 안고 살고 있지 않았을 텐데. 광활한 푸른 바다와 조화롭게 서 있는 주상절리 앞에서 나는 왜 이렇게 눈물이 날까. 세월의 시간으로도 지우지 못하는 지독한 이 그리움을 어찌하랴.

성난 바다가 포효하는 소리가 허공을 울렸다. 쩡쩡 울리는 소리에 죽었다고 생각한 감성이 되살아나고 내가 살아있음을 느꼈다. 인간의 생과 비교되지 않는 주상절리다. 얼마를 살아내면 저 모습으로 서 있을까. 얼마를 견뎌내야 이별의 슬픔도 담담해질까. 주상절리는 몇십만 년 전 형성된 모습 그대로 영원한 세월을 지켜내고 있다. 아프게 살아온 삶들도 흘러가면 대포 주상절리처럼 절묘하고 아름다운 풍광처럼 내 살아낸 흔적들도 그렇게 남겨지려나.

자연의 역사를 보았다. 새삼 경애함을 느꼈다. 처음 보게 된 그때부터였다. 서귀포 대포 주상절리를 마음에 품고 사는 나만의 짝사랑이 시작이었다. 제주 올레 코스를 완주하고 남는 시간이 주어지면 그리운 임 만나러

가듯 일부러 찾아가는 곳이다. 주상절리는 계절과 날씨에 따라 또 다른 풍경을 보여준다. 파도가 솟구칠 때마다 더 기막힌 풍광을 펼쳐낸다. 몇 번이나 보고 또 봐도 감동과 탄성이 저절로 입 밖으로 새어 나온다. 그래도 돌아설 때는 아쉬운 마음에 한 계단씩 오를 때마다 발길을 멈추고 되돌아보게 된다.

흰 파도와 파란 하늘, 검은 돌기둥 위로 무성한 초록 숲이 조화로운 풍경을 만든다. 어느 유명하다는 색채의 화가라도 대자연이 만들어내는 색감을 흉내 낼 수 있을까. 거친 바람이 쉴 새 없이 파도를 일으켜 세운다. 파도가 밀려오는 힘에 따라 돌기둥을 때릴 때의 소리는 다르다. 높고 낮은 울림이 리듬이 되어 웅장한 화음을 만들어낸다. 어느 음악가도 만들어 낼 수 없는 최고의 환상곡이다. 어떤 종교보다도 더한 눈으로 보여주는 자연만의 능력이다. 지상 최고의 조형 예술작품으로 여겨진다. 거대하고, 아름답고, 찬란하다.

마음이 저절로 겸손해진다. 경외하는 마음으로 두 무릎이라도 꿇고 싶다. 억겁의 세월로 견뎌낸 주상절리를 바라보니 인간의 한생은 한낱 부질없는 짧은 생이라는 생각이 든다. 모질게 살아낸 내 삶도 잠깐 스쳐 가는 바람처럼 허무하고 속절없다. 떠난 이를 원망했던 마음도, 돌아올 수 없는 사람의 집착도 놓으라 한다. 가볍고 자유롭게 남은 생을 살라 한다.

삼월, 다시 갈대를 그리다

거실 벽에는 수채화 한 점이 걸렸다. 그가 그린 그림이다. 강 건너 아늑한 마을에 나지막한 빨간 양철 지붕이 그려져 있다. 강변 푸른 물길 따라 펼쳐진 황금빛 갈대가 바람에 휘청이는 서정적인 그림을 바라볼 때면 마음이 잔잔하고 고요해진다.

갈대숲이 소란스럽다. 가냘픈 갈대가 불어오는 강풍에 쓰러졌다 일어서기를 반복한다. 흔들리고 휘어져도 다시 꼿꼿하게 제 자리를 지켜내고 있다. 집에서 그리 멀지 않은 낙동강 삼락공원 갈대 길을 종종 걷는다. 강변 길을 걸으면 헝클어진 생각들을 비워 내기에는 이만한 곳이 없을 듯싶다.

그는 낙동강 둔치나 을숙도 갈대숲을 찾아 이젤을 세웠다. 화가라면 당연히 현장에서 자연을 캔버스에 옮기기를 고집했다. 노을빛이 풀어놓은 붉은 강물을 그만의 색채와 감각적인 터치로 캔버스에 담았다.

누구나 태어나면 세상을 살아내는 삶이 주어진다. 처음부터 넉넉하게 주어진 삶은 아니었다. 정신적 육체적으로 부대꼈다. 날씨에 따라 강물이 크고 작은 물살을 만들어내듯, 나의 운명도 비껴갈 재주는 없었다.

강물은 먼 곳에서 바라보면 잔잔하고 편안한 멋진 풍경이 되지만, 가까이 다가서면 결결이 주름지는 물살로 흘러간다. 부대끼며 흘러가는 저 강물속을 누가 헤아릴 수 있으랴. 그는 시도 때도 없이 캔버스와 마주한다. 그런 예술가를 내조한다는 것을 대단한 보람으로 여겼다.

그에게는 을숙도 갈대 화가로 불리는 노스승이 계셨다. 그분은 언제나 제자에게 관심을 잃지 않았다. 무명작가의 먼 날의 재능을 인정해주며 한결같은 격려와 날카로운 지적과 함께 용기를 주었다. 나에게도 위로와 다독여주는 말은 잊지 않으셨다.

"자네가 욕본다. 그림 그리는 사람의 내조는 말 안 해도 내가 더 잘 알고 있는 기라."

부모 형제도 알아주지 못하는 무명작가와 내조자의 고통을 유일하게 위로해주셨던 분이다. 아무에게나 말하지 못하고 아무나 알아채지 못하는 화가의 아내로 살아내는 어려움마저 아시고 위로해주었다. 진심 어린 제자의 사랑을 알기에 지금도 간혹 떠올리면 울컥인다.

그가 그만의 색채와 기법으로 대한민국 미술대전에서 인정받았다. 오로지 그림에 빠져 살았던 그가 드디어 내게 보람을 안겨주었다. 그랬던 그 남자가 갈대가 누렇게 변해가는 늦가을에 홀연히 떠나버렸다. 낙동강 물이 세상의 궂은 것들을 가슴에 다 품고 흘러가듯이 가난한 예술가로 모질게 살아낸 세월을 안고 갈대를 스치고 가는 바람처럼 그렇게 떠나고 말았다.

강 건너 보이는 비행장 활주로에 이륙하는 비행기를 따라가던 눈길도 하늘길을 잃은 듯 허공에서 맴돈다. 강물은 변함없이 유유히 흐르건만 푸른 물빛을 바라보며 버리지도 지울 수도 없는 그리움 하나 마음으로 다독이며 강변길에 서성인다.

모질고 꼿꼿했던 갈대가 스스로 내려앉아 돋아나는 새순에 자양분이 되듯, 그가 못다 이룬 예술의 혼은 이제 아들이 대를 이어 그림을 그린다. 아들만의 특별한 붓질을 지켜보면 뿌듯하고 다시 살아내는 힘을 얻는다. 묵은 빛 사그라지는 자리에 새 빛이 움트듯.

어느새 물오른 수양버들이 연녹색 가지를 낭창거린다. 아직 여린 자연이 내뿜는 생동의 빛에 마음이 먼저 다가간다. 어지러운 세상을 외면한 듯 여기저기 웅크리고 앉아서 고개 숙이고 쑥을 캐는 아낙들이 한가롭다.

3월, 강나루 계류장에 묶여 고요하게 떠 있는 저 요트들도 곧 낙동강 물살을 가르며 봄 마중하겠지. 앙증맞은 작은 풀꽃도 내 눈 속으로 들어와 폭 안긴다. 다시 멈추었던 발길을 떼어본다.

그는 이 길 어디쯤에서 이젤을 세웠을까. 마른 억새를 닮은 키 큰 화가가 화구박스를 메고 황금색 갈대 길을 걸어가고 있다.

구절초 72.7 × 50.0 2010 oil on canvas 2010

괴꽃 45.5 × 27.3 2010

어머니의 모시 치마

동백기름 발라 빗은 쪽진 까만 머리가 윤이 난다. 한 가닥 머리카락도 처짐 없이 단정하다. 바다 가시리를 녹여 풀 먹인 한산모시 한복을 입은 그 곱고 눈부시던 어머니 모습이 이맘때면 연중행사처럼 떠오른다.

엄마의 길쌈은 근방에서 알아주는 솜씨다. 여름이면 모싯대를 베어 껍질을 벗겨 말린다. 농번기가 지나 한가할 즈음에서 가늘게 찢어 모시를 삼는다. 그럴 때 엄마 무릎에는 진한 초록 모싯물이 때처럼 들어 있었다. 길쌈된 베를 큰 가마솥에 양잿물로 삶아 햇볕에 몇 번을 말리면 누런 모시 베는 하얗게 탈색이 된다. 가끔은 누에를 길러 고치에서 실을 뽑아 짠 명주 천도 있지만, 장롱 안에는 가늘게 짜여 진 모시와, 중간쯤 그리고 거친 듯 굵게 짜여 진 모시 베들이 풀 먹여 다듬질되어 한 필씩 차곡차곡 쌓여 있었다.

그 많은 모시 필 중에 유난히 세가 가는 한산모시 두 필을 소중하게 여겼다. 아직 어린 장녀인 언니 시집갈 때 혼수 준비로 따로 아껴둔 모시 베다. 어머니가 여름 외출 때 입었던 그 고운 차림을 보았기에 소중함을 더 느꼈다. 그렇게 귀하게 여겼던 한산모시는 결국 원했던 대로 언니와 형부의 한복 혼수로 주어졌다. 심지어 세가 굵은 모시로 시원한 여름 이불까지 만들어 줬다.

내가 의상실을 경영할 때다. 한때 모시옷이 유행했다. 그런 덕분에 모시 천도 천정부지로 값이 올랐다. 더구나 한산모시는 귀하디귀해서 구하기도 힘들었다. 구한다 해도 옷 한 벌 감이 수공을 해서 그 시절 돈으로 대단한 값이었다. 그러다 보니 질이 떨어지는 값이 싼 중국 모시가 판을 치는 시절이었다.

모시의 가치를 알게 되니 생각이 났다. 내가 결혼할 때는 모시 한 필도 여름 모시 홑이불도 없었다. 새삼스레 화가 났다. 어릴 적 어머니는 유독 언니와 나를 차별했다. 오빠는 집안의 기둥이고 언니는 장녀라 중요했다. 남동생은 아버지 얼굴도 모르는 불쌍한 것으로 늘 짠했다. 중간인 나는 관심 밖이었다.

한날 따졌다. 어릴 적 서러움까지 쏟았다. 그때 어머니는 장롱에서 세가 굵은 모시 한 필을 건네며 여름 홑이불을 만들어 시원하게 덮으라 했다. 그리고 어머니가 시집올 때 가져온 열두 폭 한산모시 치마를 주었다. 세가 가는 유일하게 남아있는 치마였다. 너는 솜씨가 좋으니 터서 요즘 유행하는 최신형 옷을 만들어 입으라 했다.

모시가 구김이 잘 지니 치마는 팔 폭으로 넓게 디자인하고 상의는 약간

라인을 넣어 허리에 넓고 짙은 밤색 가죽 벨트로 포인트를 주었다. 모시의 성질상 간편하고 편안한 디자인을 선택했다. 그렇게 열두 폭 모시 치마가 현대 의상으로 둔갑되었다.

옛 선조들이 여름이면 왜 모시옷을 즐겨 입었는지 모시옷을 입어보니 알겠다. 물론 그때는 다양한 천들이 생산되지 않았던 이유도 있었을 테다. 그래도 선풍기나 에어컨이 없었던 시절에 여름을 시원한 모시옷이 있었기에 잘 견뎌낼 수가 있은 듯싶다. 가볍고 시원함을 확실하게 느낄 수가 있었다. 내가 입은 모시옷을 탐내는 사람도 많았다.

보통 여름이면 의상실은 비수기로 보면 된다. 날씨가 무더워 입은 옷도 벗어버릴 지경이니 누가 옷을 맞춰 입겠는가. 그때 모시 천으로 현대식 특별한 옷을 만들었다. 주문하는 사람의 취향에 맞게 고운 수도 새겨주며 다양한 디자인으로 시선을 끌었다. 덕분에 그해 여름은 모시옷 주문으로 매출을 올려 무난히 비수기를 잘 넘길 수 있었다.

오래전 초등학교 동창회를 했다. 각지에 흩어져 있던 어릴 적 친구들을 만났다. 그중에 눈길을 끄는 친구가 있었다. 하얀 한산모시 옷을 정갈하게 차려입은 친구가 고운 모습으로 나타났다. 걸맞게 잘 빗어 올린 머리가 더 우아하고 멋스러웠다. 현대 의상을 만드는 나의 눈에는 그 차림이 너무 고급스럽고 한국적 여인상으로 보이기도 하고 옛 어머니의 모습이 오버랩되기도 했다. 그 시절 아버지와 함께하지 못한 너무 고왔던 젊은 내 어머니는 생각만으로도 마음이 애잔하다.

그 옛날 신랑을 따라 시집올 때의 행복했던 순간을 고이 간직했던 열두 폭 치마였을 게다. 열두 손가락 깨물어 안 아픈 손가락은 없다며 나를 다독이던 엄마의 낮은 목소리가 들린다. 어머니는 살아서도 돌아가셔도 시시때때로 울컥이게 한다.

올여름은 여느 여름보다 더울 거라는 기상청의 예보다. 다시 모시의 계절이 돌아왔다. 아직도 내 귀에는 어머니의 베틀 소리가 달칵거린다. 한산모시 옷을 입은 젊은 어머니의 고운 모습도 이제는 아련하다.

돌탑을 쌓으며

걷기 여행이 각광받고 있다. 제법 오래전부터 훌쩍 떠나서 제주도 올레길을 걸었다. 구멍 숭숭한 검은 돌담길을 걸으며 도시에서 채워진 팍팍했던 마음이 뚫리게 되고 바람이 흘러가듯 발길이 자유로워진다.

제주에는 모든 삶과 문화가 돌로부터 시작된다. 현무암을 다듬어 집 담을 쌓는다. 죽은 혼을 편안하게 산담을 쌓았고, 밭과 밭의 경계인 밭담을, 집과 집을 이어주는 올레길도 만들었다. 해녀들이 옷을 갈아입을 수 있게 불턱을, 물고기를 잡기 위해 갯담을 쌓았고 해적과 왜구 침입을 방어하기 위해 돌담성을 쌓았다.

늘 거센 바람과 맞서야 했다. 제주 사람들에게 돌은 찬미 대상이 아니라 투쟁과 극복의 대상이었을 테다. 돌담은 생활 그 자체였다. 이곳의 사람들은 자연을 그대로 받아들여 이겨내는 방법을 지혜롭게 터득한 듯하다.

제주에서 흔히 볼 수 있는 것이 돌탑이다. 산길에서나 들길에서 마주하는 여러 형태의 탑들이다. 바닷가에도 불을 밝혀 어부들의 무사 귀환을 위해 '도대'도 볼 수 있다. 정성 들여 쌓아 올린 돌탑을 보면 제주 사람들의 간절함의 표현으로 보인다. 오래전부터 바다에서 삶을 건져 올리는 척박한 환경에서 힘든 생을 살아내는 사람들에겐 돌탑은 주술적 의지였고 신앙의 대상이었다.

올레 4코스 해안 길을 걸을 때다. 이곳에는 유난히 돌밭이 넓게 깔려있다. 이 길을 걷다 보면 누군가의 간절한 기원을 담아 쌓아 놓은 셀 수 없는 돌탑들을 볼 수 있다. 먼저 걸었던 수많은 사람이 안고 온 고통을 내려놓고 이뤄지고 싶은 소망을 돌 하나마다 담아 정성과 간절함으로 쌓아 놓고 돌아갔나 보다.

친구들끼리 쌓은 돌탑은 장난기가 보이는 평평한 돌무더기 같다. 젊은 연인들이 두 마음을 모아 무너지지 않게 예쁘게 쌓은 사랑탑이다. 별 모양은 없지만 가족 건강과 시간을 들여 정성 들인 돌탑은 중년 부부의 자식들을 위한 간절함이 느껴진다. 힘든 길을 걷던 사람들의 오만 가지 시름들을 돌 하나마다 차곡차곡 쌓아 올렸다. 저 탑을 쌓았던 사람들의 소망들은 알 길이야 없지만, 저들이 돌 하나마다 정성들인 손길이 보여 마음에 감동이 다가온다. 어느새 돌탑이 올레길에서만 볼 수 있는 또 하나의 독특하고 거대하게 펼쳐지는 관광 풍경이 된 듯하다.

고향 마을 접어드는 고갯마루 오거리에도 작은 동산 만한 돌탑이 있었다. 언제부터 탑이 만들어졌는지는 알 수 없다. 탑의 내력은 짐작할 수 없지만 그동안 보았던 어느 탑보다 엄청 컸던 것 같다. 다섯 마을 사람들이

면이나 대처로 오갈 때면 꼭 이 탑재를 통과해야 한다. 이곳을 지날 때 사람들은 그냥 무심히 지나갈 수는 없다. 돌 하나에 간절한 마음을 담아 올렸다.

그 시절 어머니도 간혹 면에 있는 장에라도 다녀오는 날에는 탑과 한참 떨어진 곳에서 튼튼하고 모양이 좋은 돌 하나를 미리 챙긴다. 탑 앞에 다가서서 원하는 소망이 떨어지지 않게 가장 안전한 곳에 돌을 올렸다. 그리고 두 손을 모아 간절하게 빌었다. 내 어머니의 젊은 한날의 고향 탑재의 간절했던 모습은 아직도 생생하다. 멋모르는 나도 작은 돌멩이 하나 주워 탑 위로 던졌던 기억도 그대로 남아있다.

사람만 통하는 곳이 아니다. 사방에서 시원한 바람도 이곳을 통과한다. 먼 곳을 걸어왔으니 어머니는 시원한 이곳에서 아픈 다리를 쉬었다. 그때 젊은 내 어머니는 참 고왔다.

몇 년 전이다. 고향 마을을 가는 길이었다. 어머니의 추억이 어려 있는 돌탑도 세월을 비켜 가지는 못했다. 흔적 없이 사라진 그 자리에는 무심한 자동차들만 오가고 있다. 세상은 빠르게 변하는데 나는 옛 돌탑 자리에서 영원히 잊을 수도 지울 수도 없는 내 어머니 모습을 떠올리며 추억 속에 서성인다.

올레길에서는 늘 완주를 목적으로 걸음을 재촉했다. 그러나 시간을 단축시켜 완주하는 것만이 능사가 아니다. 생각이 달라졌다. 재촉하던 발길을 멈추었다. 주위에 돌을 주워 모았다. 제일 밑으로는 안전하게 큰 돌을 둥글게 앉혔다. 가운데는 적당한 크기의 돌을 채웠다. 쌓다 보니 요령도 생긴다. 큰 돌 아래 작은 돌로 무너지지 않게 받침을 끼웠다. 정신을 집중하며 돌 하나마다 온 정성을 담아 탑을 쌓았다. 주변의 탑들과 견주어 봐도 모양은 그럴싸하다. 고향 탑재를 지날 때 간절한 마음을 담아 돌 하나 올렸듯 나 역시 자식 위한 어미된 마음은 내 어머니와 다르지 않다.

올레 4코스에 내가 쌓은 공든 탑이 영원히 풍경으로 남겨지길 바란다. 다시는 내 마음이 무너지는 일도 없기를 빌며 발길을 돌린다.

열 길 물속을 봤다

자잘한 물살을 짓던 호수다. 하늘을 치솟는 편백나무가 활기찬 숲과 어우러져 운치를 더했다. 도시 가까이 사계절 대자연의 풍경을 마음껏 누릴 수 있는 호수가 있어 좋았다. 바라보고만 있어도 마음은 잔잔한 호수를 닮아간다.

한겨울 추위에 성지곡을 한참 외면했던 터다. 홀연히 마음이 심란해지는 그런 날이 있다. 세찬 겨울바람에도 불구하고 집을 나섰다. 약간 경사진 나무 데스크의 오르던 마지막 지점에서 습관적으로 눈길은 먼저 호수를 향했다. 눈 앞에 펼쳐진 풍경이 낯설다. 이미 호수 둘레는 안전 펜스가 설치되어 있다.

담고 있던 물을 다 쏟아버린 호수가 가슴팍을 드러냈다. 그동안 짐작할 수 없었던 호수의 깊이를 보았다. 수원지가 만들어진 백십 년 만이라 한다. 둘러친 울타리 몇 곳에는 그물망을 쳐두었다. 수원지를 찾는 객들에게 물 빠진 호수 바닥을 볼 수 있게 해주는 배려인 것 같다.

성지곡은 낯설어하지 않고 유일하게 자주 찾아오는 곳이다. 언제나 즐기는 음악 같은 곳. 푸른 숲이 둘러진 맑은 호수를 바라보노라면 어느새 나도 호수처럼 푸르고 맑아진다. 수원지는 자연에 안긴 나를 모든 고통에서 격리시켜준다. 내가 위로받을 수 있는 나만의 곳이라 여겨진다. 외로울 수 없는 이유다. 아픔도 위로받고 슬픔도 차츰 잦아들게 해주었다. 사람들은 저마다 말 못 할 사연들을 안고 성지곡을 찾는다. 이별의 아픔이나, 하는 일이 풀리지 않을 때도, 특히 건강 문제가 생겼을 경우다. 내가 호수에 쏟아부었던 아픔처럼 저 넓은 호수는 제 안에 얼마나 많은 사람의 사연을 품고 있었을까.

부착해 놓은 공사 안내 문구에는 '시설물의 물리적 기능 결함 발견으로 지진재해에 대한 시설물의 안전적 운영을 도모하는데 그 목적이 있다'는 설명이다. 미리 재해 예방을 위해 적절한 조치라는 생각이다.

푸르고 어둑했던 호수가 물이 빠지니 본래의 깊은 계곡 본모습 그대로다. 맑은 물을 바라보면 느긋이 걸었던 때와는 다르다. 물 없는 겨울 호수가 을씨년스럽고 삭막하다. 마음이 건조해진다.

호수의 깊이가 늘 궁금했다. 호수 깊은 곳에는 신비한 뭔가 있을 것 같았다. 그런데 물이 빠진 호수 바닥에는 붉은 황토색과 검은 바위들이 널브러져 있는 계곡이었다. 골 깊은 계곡에 둑을 쌓아 물을 가두어 열길 호수를 만들었을 뿐이었다. 신비했던 생각이 사라지니 맥이 풀린다. 저런 모습이었구나.

이제는 과학이 발달되어 백 길 물속도 확인되는 세상이다. 맑은 수심을 훤히 들여다보듯 사람의 마음도 그렇게 볼 수 있었으면 좋으련만. 그 눈빛에 무슨 의미를 담고 있는지, 머릿속에는 무슨 생각을 하고 있는지 알 길이 없다. 오죽했으면 지혜로우신 우리의 선조님께서도 '열 길 물속은 알아도 한 길 사람 속을 모른다' 했을까 싶다. 어느 가수는 '네가 나를 모르는데 난들 너를 알겠느냐'며 노래를 불렀다. 그래도 속을 다 털어 나를 믿어주는 사람이 있기에 어찌 한 길 사람 속을 모른다 말하리. 단 한 가지 진실한 마음이면 그것으로 족하지 않은가.

아무리 절절했던 관계도 서로 이해타산으로 관계가 복잡해지고 변하고, 속이고, 배신하게 되고 퇴색되어 버린다. 미워하는 마음에 좁아지고 옹졸해져 바늘 하나 꽂을 자리조차 없어지게 되는 것이 사람의 마음이다. 쇠는 불에 넣어봐야 강한지 여린지 가늠할 수 있듯, 사람은 이익을 앞에 놓고 취하는 태도를 보면 비로소 사람의 됨됨을 알 수 있다.

언제라도 찾아오면 자연스럽게 나와 하나가 되는 수원지다. 도시 가까운 곳에 울창한 숲이 있고 넓고 푸른 호수가 있다는 것이 얼마나 다행인가. 키 큰 나무 사이로 자유롭게 유영하는 바람이 내 몸을 스쳐 간다. 뭇 생명의 재잘거림과 작은 풀꽃에도 뜨거움을 느꼈다. 편백과 측백나무가 하늘을 향해 시원하게 쭉쭉 뻗어있다. 도열한 병사들이 줄지어서 나를 보호하는 듯하다. 변함없이 맑고 잔잔한 호수와 긴 시간의 친밀감을 쌓았다. 마음이 무너졌던 일도 다독이는 위로를 받는다. 더 바랄 것이 없는 것처럼 번잡한 마음이 끼어들 틈이 없다. 호수는 오랜 세월 동안 사람들의 사연과 아픔들을 가슴 깊이 담은 채로 내색하지 못하고 푸른 물결로만 출렁거렸다. 그런 성지곡 수원지가 담고 있던 것들을 모두 흘려보냈다.

호수 바닥에 서서히 그늘이 진다. 서성이던 나마저 떠나가면 빈 가슴 드러낸 호수는 그런 채로 다시 고요에 접어들겠지. 채워있다고 행복한 것만은 아니다. 비워 내고 흘려보낼 일이다. 시간이 가면 다시 호수에는 새로운 물로 채워져 출렁일 게다. 떠나갔던 온갖 생명들도 다시 돌아올 테지. 내 마음도 비워 낸다면 따뜻한 봄날 같은 무엇인가 다시 채워질지도 몰라.

멈추었던 발을 떼어본다. 나는 오늘 열 길 물속을 봤다.

송악산 둘레길에서 53.0×40.9oil on canvas 2019

바다를 샀다

그렇게 떠나기는 쉽지 않다. 카톡방에서 거제도 드라이브를 떠나자며 가이드를 자처하는 선생님의 제안에 다섯 선생님의 의견이 일치되었다. 집에만 머무는 선생님들도 많이 갑갑하고 답답했나 보다.

거가대교를 지나 거제도에 접어들었다. 성포항과 이어지는 연륙교를 지난다. 도착한 작은 섬이 '가조도'란다. 마치 바다와 푸른 숲이 어우러지는 작은 섬이 잘 그려진 액자 속 그림 같다. 처음 본 가조도 이름이 살푼 기억에서 아물거린다. 옛날에는 가지미라 불렀던 것 같다. 친척 숙모가 아마도 이 섬에서 시집을 왔던 모양이다. 동네 어른들은 숙모를 가지미댁이라 불렀던 기억이 난다.

선생님들은 나에게 이것저것 궁금한 것을 물어온다. 하지만 고향이 거제도라지만 태어난 곳과 정 반대 위치에 있는 어촌이기도 하고, 어릴 적 떠난 고향이다. 난생처음 와본 이곳을 간혹 다녀간다는 오늘의 가이드 선생님보다 더 생소하다. 그런 나를 같이한 선생님들은 도저히 이해를 할 수 없다는 눈치에 그저 민망스럽기만 하다.

가조도 높은 위치 전망대 주차장에 차를 세웠다. 차에서 내리니 겨울 끝자락 냉기에 온몸이 시려온다. 사방으로 트인 바다를 바라본다. 세월 따라 섬사람들의 삶도 달라졌다. 바다 위에 띄워 놓은 흰 부표들로 바다는 온통 양식장을 이루고 있다. 섬사람들의 밭인 셈이다. 옛날 생선을 잡아 생을 이어가던 가난했던 어촌이 아니다. 우선 눈에 보이는 별장 같은 멋진 집들과, 전망 좋은 곳마다 이색지게 꾸며진 카페들이 눈길을 끈다. 카페 주차장마다 고급 승용차들이 즐비하다. 어느 도시에 있는 항구와 견주어본다 해도 뒤지지 않을 것으로 보인다. 이곳에 사람들의 풍족한 현 삶이 보인다.

우리의 가이드는 통영 바다를 가리키며 임진왜란 이순신 장군의 업적과 거제도의 역사까지 열강하신다. 세계 최고의 조선소들로 거제도가 발전한 현재의 상황까지 설명하기 바쁘다. 생소하고 이색진 풍경도 보인다. 육지에 잘 지어진 펜션 못잖은 근사한 집들이 바다 한가운데 떠 있다. 낚시를 즐기는 사람들이나 바다를 찾아온 관광객을 위한 새로운 펜션 업종인가보다. 잔잔한 바다 위에 아늑히 떠 있는 집이 마음을 당긴다. 저 집 데스크에 앉아 단 하루만이라도 고향 바다에 젖어보고 싶다. 이렇게 고향의 옛 모습은 어느 한 곳도 볼 수도 느낄 수도 없었다. 삶의 환경과 풍경은 많이도 변하고 달라도 너무 달라졌다.

다시 차를 몰아 연륙교를 건너 성포항 바닷가에 주차했다. 종종 오면 들른다는 가이드 선생님의 단골 횟집이다. 미리 예약해 둔 식탁에는 여러 종류의 해산물들이 조리된 것과 손질된 날것들로 한가득하다. 특별하게 정성스럽게 차렸다는 주인 말은 귓전으로 흘리고 주체할 수 없는 내 식욕이 목에서 요동친다. 전복회와 데쳐 썰어놓은 쫄깃한 군수도 올려졌다. 어릴 적 바닷가 돌 틈에서 잡았던 맵싸리고동과 생선구이, 문어와 꽃게찜 등 도다리회까지다. 미처 가짓수를 셀 수 없을 지경이다. 이것저것을 집어 입으로 나르느라 젓가락질로 바쁘다. 싱싱함이 살아있는 도다리회는 탄력 있고 씹는 식감은 부산에서 느껴보지 못한 옛 그대로의 맛이다. 어느 것 한 가지라도 거부되지 않는 모처럼 먹어보는 음식 맛에 감동하고 감탄한다. 정신없이 먹다 보니 그릇들은 비워졌다. 다 사라졌다고 생각했던 음식에서 고향을 느껴본 것이다.

생전의 엄마도 고향 바다에서 건져 올린 해물 맛을 잊지 못했다. 거제 바다에서 잡은 해물 맛은 특별하다 했다. 부산만큼 해물이 풍부한 도시도 드물 테다. 자갈치나 부산 어느 시장을 가더라도 먹고 싶은 싱싱하고 펄떡이는 해산물은 널려 있다. 엄마는 어느 것 한 가지라도 고향 바다에서 잡은 생선 맛이 아니라고 했다. 선주였던 아버지의 능력으로 세끼 밥상에는 늘 갓 잡은 생선이 올려졌을 것이다. 남쪽 바다 깨끗한 청정지역에서 잡아 올린 생선이니 별 양념을 하지 않아도 그 맛이야 백번 짐작을 하게 된다. 더구나 그 시절 젊은 남편의 모습을 담아 더 그리워한 듯하다. 애먼 부산 바다에서 잡은 생선이란 탓만 했었다.

그릇을 다 비웠을 즘 식당 주인은 바로 가까이 있는 위판장을 가리킨다.

식사하는 동안 경매 시간이 지나 볼 만한 장면을 놓쳤다고 아쉬워하신다. 쉬 볼 수 없는 특이한 구경은 못 했지만 위판장에는 갓 잡은 여러 가지 해물이 싸단다. "먹어보면 확실하게 맛을 알낍니다."라며 가는 길에 필요한 만큼 사서 가란다. 사장님의 투박하고 억센 듯한 고향 사투리까지도 정겹다. 친절한 사장님의 배웅을 받으면 위판장에 들렀다.

해물들이 넓은 대야마다 한가득이다. 활어들도 수족관에서 활기차다. 제일 먼저 눈길을 끌었던 것은 털게다. 다른 게들과 감히 비교할 수 없는 먹어본 옛 맛을 기억한다. 개조개도 그릇 넘치게 담아준다. 부산에서 자주 가는 단골 시장 몇 배는 족히 싸다. 좋아하는 해삼도 샀다. 바쁜 부모를 돕는 것인지 대학생 같은 젊은 청년은 덤으로 넣어주고 또 몇 개를 더 집어 준다. 야박해졌다지만 아직도 살아있는 고향 인심이다. 차를 돌려 부산을 향한다. 고개를 돌려 보니 거제도가 아득해진다.

세상에서 입맛에 맞는 음식을 먹었을 때만큼 더 행복할 수 있을까 싶다. 개조개 살은 한번 먹을 양만큼 냉동실에 저장해 두고 오래 먹을 것이다. 털게는 쪄 먹어도 좋고 게장을 끓여도 좋겠다. 늘 적은 양에 아쉬워하던 해삼을 오늘 저녁에는 아들과 소주를 곁들여 넉넉하게 먹으며 옛 고향 얘기를 들려줘야겠다.

양손에 들려진 검은 비닐봉지에 출렁이는 고향 바다가 따라오는 듯하다. 오늘 나는 바다를 샀다.

나는 꿈꾼다

제주살이가 유행처럼 번진다. 누구라도 올레길을 걸었다면 자연이 만들어낸 신비한 풍경 앞에 서면 그곳에서 영원히 머물고 싶었을 게다. 주어진 현실이 답답하고 감옥같이 느껴질 때가 있다. 그럴 때는 한 번씩 서둘러 떠난다. 푸른 바다와 대자연의 풍경을 바라보며 그 한적함에 마음은 평화롭고 안전감을 얻게 된다.

해마다 팔월의 삼복더위를 마다하고 길을 걸었다. 더위 탓인지 올레길을 걷는 사람은 보이지 않는다. 폭염 경보에도 올레길을 걷는 이유는, 먼 길을 걷는 고통은 있지만 완주했다는 뿌듯함에 올여름도 주저함은 없었다. 아름다운 풍경만 보는 것은 아니다. 또는 편안하고 안전한 길만 걷는 것은 아니다. 몸으로 부딪치며 스스로 선택한 낯선 길에서 남은 삶을 살아내는 소중한 지혜를 얻는다.

한가롭고 고즈넉한 마을에 들어섰다. 정갈하게 보이는 카페에서 더위를 식히기로 했다. 인기척 없는 카페 문을 열고 들어서니 덩치 큰 개가 주인보다 먼저 손님 맞이를 한다. 뒤따라 나온 카페 사장님이 꼬리를 흔들고 있는 개를 부르며 경계하는 나를 안심시켜준다. 잘 꾸며 놓은 시설에 비하여 그다지 손님이 없는 듯 한가롭다. 체격이 좋고 인상이 부드러워 보이는 카페 사장님은 직접 차를 내리고 서빙을 하고 있다. 뭘 마실까를 망설이고 있는데 사장님은 직접 개발했다는 '청귤 에이드'를 권했다. 청귤 청에 탄산수를 섞어 만들었다고 한다. 에이드가 속 깊은 곳까지 청량감을 준다. 시원한 음료수가 특별한 향과 맛을 준다는 내 표현에 사장님은 얼굴에 만족한 미소를 띤다.

손님 없는 한가한 카페다. 사장님과 대화를 나누기에는 그리 부담이 없을 듯하다. 여행을 좋아해 세계 여러 곳을 다녀봤지만 제주만큼 마음에 가는 곳이 없었다고 한다. 제주도가 좋아 자주 와서 휴식을 취하며 풍경을 즐겼단다. 특히 '신천리' 마을이 더 마음을 잡았고 또 마을 사람들이 좋아서 서울의 모든 생활을 정리했단다. 지금은 욕심 없는 마음으로 날마다 휴식 같은 편안함을 누리며 산다고 했다. 알고 보면 카페 사장님처럼 제주에 반해서 아예 이곳에서 삶을 꾸려가는 사람들을 제법 만났다. 나 역시도 내 능력만큼 찾아오는 유일한 여행지이지만 제주도는 눈과 마음, 입맛까지도 만족을 시켜주는 곳이다. 카페 사장님의 제주도에 사는 이유에 내가 제주도 빠지게 된 여러 가지 이유를 더하니 한참 대화가 이어진다.

기회가 되면 들르겠다는 인사를 하고 다시 길을 걷는다. 더위도 가셔지고 다리와 발가락의 통증이 거짓말처럼 사라졌다. 잠깐의 휴식이 몸과 걷는 발길을 가볍게 한다. 사람이 생을 살아내는 동안 힘들고 버거울 때는 휴식이 필요한 것이었다. '부와 명예를 잃으면 조금 잃어버린 것이고 건강을 잃으면 전부를 잃어버린다.' 했다. 그런 것이었다. 힘든 현실을 최선으로 살아낼 때는 그 말을 염두에 두지 않았다. 이해하려고도 하지 못했다. 이제야 백번 맞는 말이라는 생각이 마음을 세게 친다.

대자연의 풍경 앞에 내 마음의 번잡함이 끼어들 틈이 없다. 올레길을 걷다가 한 번씩 내가 걸어온 길을 힐끔힐끔 되돌아보게 된다. 근근이 살아냈던 시기가 있었다. 아무리 노력해도 안 되는 게 있고 열심히 걸어도 도달할 수 없는 세계가 있다. 끝 모를 수렁에 허우적거렸다.

오름과, 끝없이 펼쳐진 옥색빛 바다와, 화산이 만들어 놓은 벼랑과 조형물들. 원시림을 간직하고 있는 곶자왈에는 영원히 이별하지 않고 천년만년을 살아낼 연리지도 있다. 억겁의 무늬를 따라 걷다 보니 마음의 여유도 생긴다. 누가 돌보지 않아도 고운 빛으로 활짝 피워내는 야생화와 멋진 풍경들이 달고 온 상념들을 녹여 내린다.

언제라도 떠나고 싶을 때 떠날 수 있는 여행자의 꿈을 꾸었다. 그래서인지 지금도 여행을 하면서 여행자를 보게 되면 부러운 마음에 먼저 눈이 끌리게 된다. 젊은 날의 먼 나라의 여행은 아니지만 이제라도 이쯤이라도 떠나올 수 있어 얼마나 다행인가. 느지막 여행이 이렇게 자유롭고 행복한 것인 줄은 여행을 해보니 알겠다.

땀이 줄줄 흘러내리고 다리 근육에 통증이 전해진다. 폭염주의보가 내려진 팔월의 한낮에 길을 걷는 것은 여간 고통스럽지 않다. 하지만 폭염에도 걸을 수 있는 기회가 주어졌으니 고맙고 감사할 일이다. 올레길 걷기는 나에게 허락되는 만큼 주어진 특별한 여행지라 여긴다.

하늘이 물들기 시작한다. 붉고 노란 노을, 감히 사람 따위는 흉내 낼 수 없는 자연이 그린 명작이다. 여행을 하면서도 나는 또 여행을 꿈꾼다.

하논습지 가을 풍경

벼농사를 짓는 곳이 있다는 것을 알게 되었다. 그때부터 호기심이 생겼다. 올해도 몇 차례 다녀갔지만 이왕이면 제주 '하논습지'는 일부러 벼가 노랗게 익어가는 가을로 미루어 두었던 터다. 육지에는 가을이면 도시를 조금만 벗어나도 벼가 익어가는 들판은 흔하게 볼 수 있다.

먼 곳에서 태풍이 발생했다는 소식이다. 거센 비바람이 도착하기 전 먼저 서둘러 떠나왔다. 화산섬이라 물이 잘 빠져 벼농사를 짓기에 부적합하다. 그런 이유로 특별히 감귤이 주산지인 이 섬에서 논농사란 생소했다. 제주도는 웬만큼 곳곳을 다녀봤지만 아직까지 볏논을 거느린 논배미를 한 번도 본 적이 없다. 그런데 오늘 황금벌판을 펼쳐내는 풍경과 마주하게 되었다.

요 며칠 들어 부쩍 아침저녁으로 찬 기온이 느껴진다. 텔레비전 화면으로 벌써 익은 벼를 베어 추수하는 풍경을 방영하니 조바심이 난다. 일 년을 기다렸는데 찾아가지 못한 사이에 가을걷이를 끝냈을까 봐 마음을 졸였던 참이다. 이번에는 미리 계획했던 대로 벼농사를 짓는 하논습지를 거치게 되는 올레 코스를 걷기로 했다. 물이 잘 빠지는 다른 지역과 달리 퇴적층이 쌓여 물이 거의 안 빠져 벼농사 짓기에 좋은 지형이라 한다. 즉, 제주도에서는 유일한 곡창지대라 하겠다.

코스 시작부터 오르막과 나무계단을 오르내리기를 반복하며 길을 걷는다. 울창하고 비좁은 음습한 숲길을 걷고 나서야 도착한 하논습지다. 마주한 들판에는 잘 익어가는 벼들이 노란색을 띠고 있다. 벌써 청량감이 느껴지고 맑은 가을 정취가 완연하다. 가까이 다가서 보니 튼실하게 여물어가는 이삭들이 무거운 듯 고개를 숙이고 있다. 잘 지은 농사는 풍년으로 보인다. 육지의 어느 가을 들녘 풍경과 별반 다르지 않다. 다만 비탈진 곳에는 무성한 밀감나무들이 울타리처럼 분화구를 에워싸고 있다. 마치 푸른 군복을 입은 병사들이 둘러서서 귀한 황금빛 들판을 지켜내고 있는 듯하다. 노란 벼와 초록 열매를 조롱조롱 달고 있는 밀감 과수원은 이곳에서만 볼 수 있는 특별한 풍경이다. 바라만 봐도 마음이 그득하고 넉넉해진다.

요즘 농가는 옛 시절과 달라 쌀농사도 활발하게 연구되어 수확도 넘쳐난다. 더구나 경제가 좋아져 누구라도 쌀밥을 먹는다. 먼 옛날 제주 사람들은 벼농사를 짓지 못하는 환경인지라 밭에서 생산할 수 있는 좁쌀을 끼니로 하던 시절이었다. 제주에서 유일하게 벼농사를 지었던 농부는 어떤 분일까 싶다. 어떤 집안의 내력으로 귀한 논을 소유하고 농사를 지어 왔을까. 특별하게 쌀밥을 먹을 수 있었던 그들의 자부심은 또 어떠했을지. 까칠한 조밥보다 윤기 자르르한 하얀 쌀밥을 먹었을 그들의 행적마저 궁금하다.

논마지기는 그리 적지는 않았던 것 같다. 농사를 잘만 지으면 우리 식구는 일 년 내내 쌀밥은 충분하고 넉넉히 먹을 수 있었나. 그러나 큰 일손이 없는 처지다 보니 모든 농사일은 남의 손을 빌릴 수밖에 없었다. 가장이 없으니 별다른 경제 능력이 있을 턱이 없다. 가을 추수가 끝나자마자 수확한 알곡들은 이집 저집 품삯으로 계산되어 나갔다. 이어지는 보리농사를 지을 비료며, 가정생활에 필요한 모든 경제적 역할은 찧은 쌀로 해결하였다.

그러자니 생일이나 제사가 아니면 쌀밥은 흔하게 먹지 못했다. 그래도 뜸 들어진 다된 밥솥 뚜껑을 열면 보리밥 한가운데 하얀 쌀밥이 보였다. 보기만 해도 군침 돌게 했던 쌀밥은 방학 때면 객지에서 돌아오는 오빠나 막내인 남동생 몫이었다. 당연히 남자들만 먹어야 되는 것으로 여겨 별 불만은 없었다. 돌이켜 보면 우리 엄마만큼 아들과 딸을 차별했을까 싶다. 그때 엄마의 상황이 아들은 자신이 살아내야 하는 모든 꿈과 희망이었고 이유였으리라. 들판을 바라보며 먼 생각에 젖어 든다. 차별했던 엄마에 대한 섭섭함은 이해되면서 그래도 떠올릴 수 있는 정겨운 기억들이 있기에 추억할 수 있어 좋다.

아직도 선명하게 남아 있는 옛 기억을 떠올리며 한참 발길을 돌리지 못한다. 요즘처럼 벼가 여물어 고개를 숙일 때다. 어린 나를 무시하는 듯 겁

없이 나락 위로 날아들던 얄미운 참새 떼를 쫓았다. 논두렁을 타고 이리저리 뛰어다니던 내 어린 모습도 떠오른다. 벼가 익어 추수할 때까지 나에게 주어졌던 힘에 부쳤던 큰 임무였다.

마침 슈퍼태풍 '찬투'가 북상 중이란 예보다. 태풍으로 비행기가 결항되지 않고 무사히 부산으로 돌아갈까 하는 걱정보다, 다 지은 귀한 벼농사가 피해를 입을까 염려가 된다. 예측한 태풍의 진로가 바뀌어 제주도를 피해 갔으면 좋겠다. 마음먹고 계획해서 찾아온 곳에서 황금빛 들판을 바라보며 상념에 젖는다. 오래전 사라호 태풍으로 쓰러진 벼를 묶어 세우던 내 어머니의 고달팠던 모습이 보여 가슴이 아려온다.

미술관 가는 길

벌써 몇 차례다. 등록되지 않은 휴대전화 벨이 울렸다. 특히 지역번호 02는 보통 보이스피싱 전화니 웬만하면 받지 말라던 지인들의 황당했던 경험담을 들었던 터다. 거절 버튼을 눌렀다. 이른 저녁에 다시 벨이 울린다. 속지 않겠다는 단단한 마음으로 용기를 내어 전화를 받았다. 전화기에서 들려오는 서울 아가씨의 상냥한 목소리에 긴장했던 마음이 풀린다.

"김윤택 화백님 사모님이신가요? 화백님의 그림을 국립현대미술관에 소장 결정으로 소장자인 사모님 동의를 받기 위해서 전화를 드렸습니다."

아들에게 사실을 알렸다. 아들 말은, 우선 국립현대미술관에 소장이 된다는 것은 큰 영광이며, 우리가 그림을 가지고 있는 것보다 그곳이면 아빠의 그림을 널리 알리는 계기가 된단다. 특히 이번에 엄마 수필집 발간으로 그 비용 부담을 아빠가 염려하여 먼 곳에서 외면하지 않고 챙겨주는 것 같으니 받아들이고 그림을 넘기기로 하잔다. 하루 앞날 그가 아들 꿈속에서

빙그레 미소를 짓고 있는 선명한 꿈을 꾸었단다. 일찍 떠나 늘 원망스러웠던 마음인데 먼 곳에서도 여전히 사랑하는 가족을 보살피고 있다는 것일까.

미술관에 보낼 '연' 그림을 화실 창고에서 어렵지 않게 찾아낼 수 있었다. 완벽하고 깔끔한 성격이었던 그는 미리 예감이라도 했을까. 생명처럼 아끼던 자신의 작품을 그림 크기에 맞춰 잘 포장해 두었다. 박스 겉면의 작은 스티커에 그림 사진과 완성한 날짜, 제목을 기록해서 붙여 놓았다. 그것만으로도 그가 작품을 얼마나 소중하게 여기며 그의 꼼꼼했던 성격을 다시 보게 된다.

예약된 KTX를 타고 서울로 출발했다. 2시간 40분이면 서울에 도착한다는 열차는 속도를 위해 번번이 산을 뚫어 만들어진 어두운 굴속으로 달린다. 빨리 달리는 것만큼 열차에서 느끼는 낭만도 사라졌다. 속도가 빨라진다고 다 좋은 것은 아니다. 그와 함께 새마을 열차 차창 밖으로 바라보았던 늦가을 풍경이 떠오른다.

개인전을 열 수 있는 형편이 못되니 작품을 알리기가 힘이 든다. 가을에 공모하는 '대한민국 미술대전'은 그림의 평가를 받을 수 있고, 작가의 세계를 알리는 유일한 길이기도 하다. 그는 제법 오랫동안 국전에 입상을 했다. 해마다 입상작품 전시회가 열리는 늦가을에는 만사를 제쳐두고라도 그와 함께 빠르고 고급지다는 새마을 열차를 타고 서울로 향했다.

익은 벼를 거두어들이기 시작하는 가을 들판은 풍요롭게 보였다. 스치는 산과 들판에는 그가 좋아하는 갈색 풍경들이 미묘한 색감과 구도를 잘도 만들어낸다. 그날, 화실 캔버스에 붓질만 하던 그와 삶의 현장에서 바둥거리던 내가 모처럼 함께 커피를 마시며 달리는 차창 밖 풍경을 느긋하게 바라봤다. 감성에 젖어 들었던 우리 두 사람의 마음에는 긴긴 시를 쓴 듯했다. 유일하게 그와 내가 같이 했던 열차 여행이었다. 이제는 옛 추억이 되어 선명하게 남아 있을 뿐이다.

도착한 서울의 한여름 열기는 대단하다. 지하철에서 내려 과천 국립현대미술관 가는 길은 그늘 한 점 없다. 시간 약속을 엄수해 달라는 간곡한 부탁이 있어 일찍 서둘러 온 탓으로 도착하니 시간 여유가 있다. 그림 이동을 부탁한 대행업체 차량도 시간을 맞추어 도착했다. 그림을 접수시키고 서류접수를 하러 사무실로 옮겨갔다. 사무직원의 친절함에 비해 복잡한 서류심사는 까다롭다. 더구나 작고 작가이니 소장자인 나에게 확인 절차는 몇 가지의 서류를 더 필요로 했다. 준비해 온 서류에 그녀가 지적해주는 위치에 나는 묵묵히 사인과 인감도장을 수없이 찍고 있었다. 인계시켜주는 절차를 모두 마쳤다. 소장되는 그림이 전시될 용도에 대한 설명서가 된 프린트를 건네주며 더운 날씨에 먼 곳까지 오셔서 너무 수고하셨다는 예의 있는 친절한 인사를 받으며 미술관을 나왔다.

그의 손길로 그려진 그림을 소장시키고 나오는데 마치 그를 혼자 두고 나 혼자 부산으로 가는 듯 마음이 너무 허전해 온다. 생전 그가 이처럼 삼복더위에도 잠깐의 휴식도 없이 더위를 전혀 느끼지 못하는 사람처럼 그림 그리기에 빠져 있었다. 오늘 미술관에 소장시킨 그림도 그가 한여름에 그린 작품으로 기억된다. 더워도 추워도 손에서 붓을 놓지 않았던 그다.

미술관 밖에는 여전히 태양의 열기가 쏟아진다. 이글거리는 따가운 햇살을 가리는 양산도 쓰지 않았다. 헛헛한 마음에 햇살의 따가움도 느끼지 못했다. 미술관을 에워싸고 있는 느티나무 위의 매미는 짧은 생을 살다 떠나야 하는 아쉬움인지 억울함인지 패악 치듯 울어 젖힌다. 내 슬픔을 아는 듯 대신 울어주는 것처럼 느껴진다. 땀인지 눈물인지 뒤섞여 볼을 타고 줄줄 흘러내린다.

절차를 마치고 어이없이 미친 듯 그를 두고 병원 문을 나설 때처럼 나는 오늘 국립현대미술관에서 또 한 번의 이별을 하고 떠나왔다.

폭우 162 × 130 2010-1

최영애 수필집

붉은 녹

인쇄 2021년 11월 26일
발행 2021년 11월 30일

지은이 최 영 애
발행인 서 정 환
펴낸곳 수필과비평사
주소 서울특별시 종로구 삼일대로 32길 36(익선동, 윤현신화타워) 305호
전화 (02) 3675-3885 (063) 275-4000, 252-5633
팩스 (063) 274-3131
이메일 sina321@hanmail.net
출판등록 제465-1984-000004호
인쇄 · 제본 신아출판사

ISBN 979-11-5933-379-8 03810
값 15,000원

Printed in KOREA

* 이 책은 2021년 부산광역시 부산광역시, 부산문화재단 부산문화재단 지역예술특성화 지원사업의 지원을 받았습니다.